Clever Geld sparen

101 Spartipps mit denen Du bis zu 10.000€ pro Jahr sparen kannst.

Einfach, bequem und alltagsnah Sparen lernen, Vermögen aufbauen und finanzielle Freiheit erreichen!

BONUS

3 Wege Dein Geld sicher anzulegen

1. Auflage 2021

Inhaltsverzeichnis

Vorwort

Wieso gibt es dieses Buch und was macht es so nützlich und einzigartig? Das Sparen habe ich nicht in einer theoretischen Vorlesung gelernt, sondern musste es am eigenen Leib erfahren und verinnerlichen.

Ich bin in Kronstadt, Rumänien geboren in einer Zeit, zu der noch der Kommunismus vorherrschte. Statt versprochener Gleichheit, erhielten wir flächendeckende Armut.

Dabei ging es nicht um Luxusgüter oder um exotische Urlaube, auf die wir verzichten mussten. Es mangelte schon an der Grundware, denn weder Brot noch Wasser reichte für jeden!

Neben dem Sparen habe ich in dieser Zeit vor allem Eines gelernt: Dankbarkeit. Mit Hilfe dieser Dankbarkeit berufe ich mich auf das Nötigste und lasse mich nicht von unnötigem Konsum verleiten. Wer benötigt heute schon jedes Jahr aufs Neue das neuste iPhone oder das neuste FIFA Spiel für die Playstation?

Viele Menschen sehen es heutzutage als Wettbewerb und Herausforderung an, sich so viel wie möglich zu leisten. Ein noch sportlicheres Auto, einen noch teureren Urlaub oder eine noch schwerere Uhr.

Ich halte es jedoch für einen weitaus spannenderen Wettbewerb oder eine interessantere Herausforderung, mit möglichst wenig Mitteln einen gewünschten Lebensstil zu erreichen. Dazu möchte ich in jedem Fall die Armut vermeiden und lasse Dir die Freiheit zu entscheiden, welchen Lebensstil Du anstreben möchtest. Dieses Buch und ich zeigen Dir auf, wie Du Deinen gewünschten Komfort und Standard mit so wenig finanziellen Mitteln wie möglich erreichst!

Wenn Du also diesen Ratgeber hier durchliest, dann wirst Du sehr viel über das Geldsparen lernen. Wenn Du die Tipps und Tricks im Nachgang umsetzt, dann wirst Du Dir keine Sorgen mehr um Geld in deinem Alltag machen müssen. Denn mit diesen Tipps spare ich ohne Anstrengung über 10.000€ im Jahr. Und das wirst Du auch schaffen. Somit wird Dir dieses Buch neue Möglichkeiten in Bezug auf deine finanzielle Freiheit öffnen!

Also, legen wir los!

Michael Schuller

P. S. Falls Du Fragen zu irgendeinem Spartrick haben oder Hilfestellung bzw. konkrete Empfehlungen zu meinen Investmenttipps benötigen solltest, dann kontaktiere mich ganz einfach unter

as-verlag@web.de

Die Basis, Analyse und Denkweise

Deine Einnahmen und Ausgaben im (Über-) Blick

Die Grundlage, Sparpotenziale zu erkennen und Sparmaßnahmen durchzuführen, ist ein Überblick über sämtliche Einnahmen und Ausgaben. Je genauer dieser Überblick ist, desto leichter wird es Dir fallen, unnötige Ausgaben in Frage zu stellen.

Plane für nicht regelmäßige Ausgaben ein separates Jahresbudget ein. Z. B. für Urlaube oder Klamotten shoppen, wenn du das nicht jeden Monat machst.

Beispielsweise benutze ich die App „Mein Budget“, welche es in zahlreichen verschiedenen App-Versionen und von unterschiedlichen Anbietern gibt. Dabei verfolgen alle das gleiche Ziel: Maximale Transparenz Deiner alltäglichen Finanzen.

Dazu benötigst Du jedoch ein Stück Selbstdisziplin, um regelmäßig und langfristig Deine Ausgaben nachzuverfolgen. Ich nehme mir abends eine Minute Zeit und trage sämtliche Ausgaben des Tages ein. Die genaue Höhe – ob 9,99€ oder 10€ - ist dabei weniger bedeutend als die Kategorie. Mit Hilfe der Kategorie sowie deren Auswertung entwickelst Du ein Gefühl dafür, wie viel Du verhältnismäßig ausgibst. Wenn Du beispielsweise genauso viel für

Dein Auto wie für Deine Wohnung ausgibst, sollte das ein paar Fragen aufwerfen.

Völlig unabhängig davon, welche Spartipps Du am Ende umsetzt und welche nicht, die Transparenz und der Überblick sind die Eltern sämtlichen Sparens!

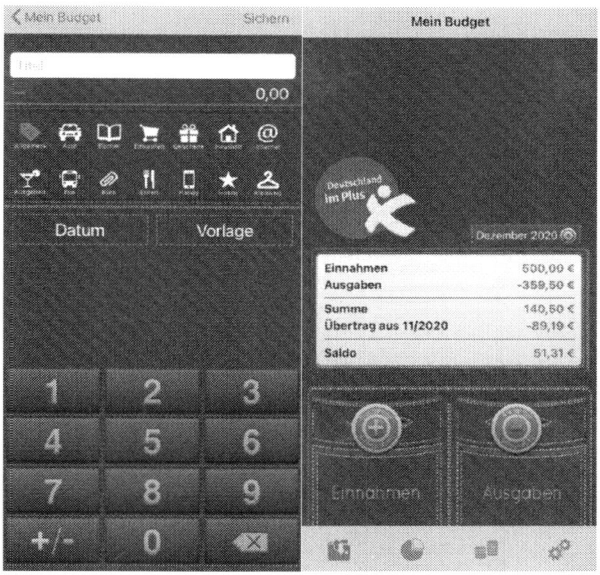

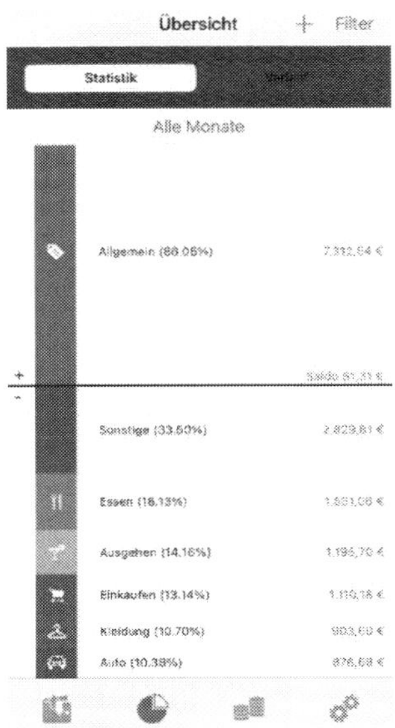

Praxistipp: Eine Alternative zu einer Budget-App ist die Kartenzahlung. Damit siehst Du in Deinem Online-Banking ebenfalls übersichtlich für was genau Du wie viel ausgegeben hast. Je nach Bank können hier ebenfalls Kostengruppen dargestellt und Statistiken ausgewertet werden.

Alle 5€ zählen!

Das Image des Sparers ist vor allem negativ behaftet, weil Sparen mit Geizen missverstanden wird. Das S in Sparen steht nämlich für sinnvoll, sprich wir sparen dort und in der Höhe, in der es sinnvoll ist. In diesem Buch wirst Du daher keinen einzigen Tipp dazu finden, die 2 Cent Stücke von der Straße aufzuheben. Wir wollen nämlich mit minimalem Aufwand ein spürbares Ergebnis erzielen.

Nichtsdestotrotz sind kleine Ergebnisse viel leichter zu erzielen und verschrecken nicht. Obendrein macht es dann die Summe dieser kleinen Ergebnisse zu einem großen und akzeptablen Gesamtergebnis. Um eine Orientierung zu schaffen, halten wir Ausschau nach 5€ Potenzialen. Je geringer das Sparpotenzial ist, desto höher ist die Anzahl dieser Möglichkeiten – in der Regel zumindest.

Praxistipp eines Bekannten: Die Einheit muss nicht zwingend in Euro sein, er bevorzugt einen Maßstab in Dönern. Nun gut, jedem das seine!

Ein Monat nach dem anderen

Grundsätzlich sieht die Korrelation zwischen der Kontrolle über Dein Budget und dem entsprechenden Zeitraum wie folgt aus: Je geringer die Zeitspanne, desto größer die Kontrolle. Das liegt an der Gewohnheit des Menschen, unangenehme Situationen – für viele das Sparen – nach hinten in die (ferne) Zukunft zu verschieben.

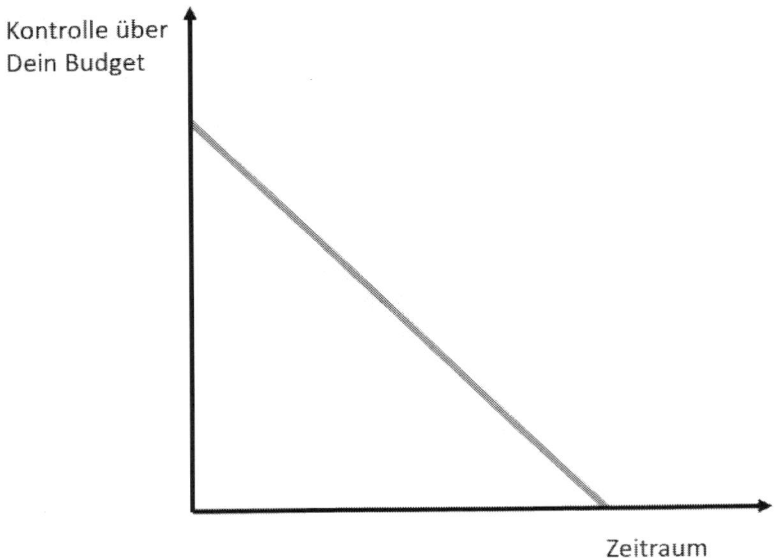

Solltest Du also vor dem Kauf eines unnötigen Artikels stehen, geht Dir vielleicht der Gedanke „Das kaufe ich mir und danach fange ich an zu sparen!“ durch den Kopf. Genau davon ist die Rede. Manche kennen diese Prokrastination von der Gewichtsabnahme. Je kürzer der Zeitraum der Kontrolle, desto aufwändiger und teils unangenehmer fühlt es sich an. Daher sollte hier das richtige Maß gefunden werden. Für mich persönlich ist es immer ein Monat. Am Monatsende erhalte ich Gehalt und vergleiche diese Einnahmen mit meinen Ausgaben der letzten 30 Tage, welche ich bereits über meine Budget-App im Blick hatte.

Das bedeutet, dass ich kontinuierlich meine Ausgaben im Blick habe und am Monatsende abrechne. An diesem Zeitpunkt entscheide ich dann auch, ob ich für meine Sparziele noch mehr sparen muss oder ggf. im nächsten Monat als Belohnung etwas mehr ausgeben kann.

Lege Dir Ziele fest

Lege Dir am besten Ziele fest: wie viel willst Du bzw. kannst Du maximal pro Monat für eine Kategorie ausgeben. Dabei solltest Du Deine Ausgabeziele für jede einzelne Kategorie einplanen: Auto, Essen gehen, Lebensmittel, Urlaub und so weiter. Bei manchen Kategorien wie Urlaub wird es Dir leichter fallen, wenn Du dir zunächst ein Jahresziel anhand Deines Budgets setzt und es dann auf Monatsebene runterbrichst.

Deine Ziele sollten natürlich bereits Sparmaßnahmen enthalten. Wenn Du also bisher immer 300€ für Restaurantbesuche pro Monat ausgegeben hast, solltest Du nun deutlich weniger für den nächsten Monat bzw. Jahr einplanen. Fange am Anfang am besten mit niedrigeren Sparmaßnahmen an –so kommst du leichter rein und bleibst länger am Ball, da Du stetig Fortschritte erzielen wirst. Behalte zudem immer im Hinterkopf wozu du das Ganze machst. Visualisiere deinen Wunsch bzw. Traum täglich. Das kann Dein Traumauto oder auch eine Weltreise sein.

Selbst-Disziplin ist gefragt

Unabhängig davon, wie hoch Dein Sparziel liegt, eine Sache ist immer unentbehrlich – Deine Disziplin. Mit diesem Aspekt steht und fällt Dein Sparvorhaben, denn am Ende des Tages bist Du diejenige Person, welche die Sparziele und –maßnahmen umsetzen muss.

Setze Dir daher zu Beginn kleine, leichter erreichbare Ziele und steigere Dich mit der Zeit. Auf diese Weise erfährst Du sogenannte „Quick-Wins" (schnelle Gewinne), um von Anfang an das Gefühl zu haben, auf dem richtigen Weg zu sein und Fahrt aufzunehmen.

Hinterfragen & selber Potenziale erkennen

Dieses Buch kann noch so tolle und zahlreiche Spartipps auflisten. Du bist am Ende des Tages diejenige Person, welche Deine individuelle Lebenslage am besten nachvollziehen kann und somit am besten einschätzen kann, welche Sparmaßnahme legitimiert wäre und welche sich nicht lohnt.

Deswegen schärfe Deine Sinne für geringere Kosten und gehe selber auf die Suche. Du wirst erstaunt sein, wie viele Möglichkeiten sich mit der Zeit auftun!

Weniger ist nicht immer mehr

Was zunächst etwas verwirrend und paradox klingt, wird sofort aufgelöst: Nicht jede Sparmaßnahme führt langfristig zu geringeren Kosten. Hier geht es neben Qualitätsaspekten vor allem um den Total Cost of Ownership – übersetzt sozusagen sämtliche Kosten eines Produktes auf Lebenszeit.

Beispielsweise wurde mir auf einem Seminar die Frage gestellt, wieso Unternehmen XY auf die Kosten achtet, jedoch Apple Computer erwirbt. Die Konkurrenz sei doch günstiger. Meine Antwort war: Beachten wir bitte sämtliche Kosten entlang der gesamten Laufzeit. Zwei Aspekte waren in dem Beispiel ausschlaggebend.

Einerseits der höhere Wertverfall der Konkurrenz. Die Apple-Geräte konnten nach fünf Jahren viel teurer weiterverkauft werden als die Konkurrenzgeräte nach fünf Jahren. Andererseits lagen die Wartungs- und Reparaturkosten bei den Konkurrenzprodukten viel höher als bei den Apple Computern. Mit der Wartung gehen nicht nur die direkten Reparaturkosten, sondern auch die Ineffizienz der Belegschaft einher. Alles in allem waren die Apple-Geräte trotz höheren Einstiegspreisen günstiger als die Geräte der Konkurrenz.

Die gleiche Denkweise mit denselben Charakteristika lässt sich hervorragend auf unsere Alltagssituationen übertragen, daher behalte diese Sichtweise bitte im Hinterkopf!

Do-it-yourself & die Grenzen

Beim Sparen denken viele oft an das Motto: Do-it-yourself. Ich tue es selber, um mir externe Kosten zu sparen. Damit werden gelegentlich auch Qualitätseinbußen in Kauf genommen – dies war unter anderem der Grund, wieso eine Vielzahl an Jugendlichen während des ersten Corona Lockdowns sich die Haare abrasiert hat. Der Versuch, sich selbst die Haare zu schneiden, war misslungen, sodass als letzte Alternative ein kahler Kopf übrigblieb. Aus diesem Grund sei gesagt: Do it yourself spart allemal Geld, doch sollte nicht immer und überall angewendet werden. Hier sollte jedes Mal abgewogen werden.

Möglichkeiten, bei denen ich den eigenen Aufwand einer externen Beauftragung vorziehe, wären zum Beispiel:

- Reifen wechseln
- Rasen mähen
- Auto waschen
- Fitness (ohne Trainer)
- Kochen
- Das Zuhause aufräumen und putzen
- Streichen
- Möbel aufbauen

- Und weitere Beispiele, bei denen eine Expertenkompetenz nicht gesetzlich vorgeschrieben ist und ich nicht langfristig Zeit und Aufwand spare

Gegenbeispiele sind besonders Fälle, in denen ein Spezialist von Nöten ist. Dies gilt besonders für folgende Beispiele – sofern Du kein Experte innerhalb dieser Themengebiete bist. Hier ziehe ich externe Hilfe vor, da Dir ein Experte langfristig viel Geld, Zeit, Nerven und Aufwand ersparen kann.

- Steuerberatung
- Medizinische Behandlungen und Hilfeleistungen
- Elektriker
- Juristische Beratung
- Architekten
- Und ähnliche Berufe der Kategorie Freiberufler

Opportunitätskosten

Die Opportunitätskosten sind ein verwandtes Thema des Total-Cost-of-Ownership-Ansatzes und der Do-it-yourself-Methode. Hier vergleichst Du im Prinzip die mögliche Einsparung oder die möglichen Kosten mit dem Geld, das Dir entgeht, wenn Du Dich selbst um ein Problem kümmern würdest.

Um Klartext zu sprechen, verdeutlichen wir das an einem Beispiel: Du stehst vor der Entscheidung, Deine Reifen selber zu wechseln. Damit würdest Du einerseits 50€ sparen, jedoch eine Stunde Zeit aufwenden. Wenn Dein Stundenlohn netto jedoch 60€ beträgt, macht es natürlich mehr Sinn, eine Stunde Deinem Beruf nachzugehen und die Reifen extern wechseln zu lassen. Wenn Du die Reifen selber wechseln würdest, sparst Du im ersten Moment 50€. Gleichzeitig sind Dir jedoch – bei Deinem Beruf – 60€ entgangen. Somit hast Du gedanklich 10€ Verlust eingefahren.

Somit gilt auch hier Vorsicht und die Bitte, die Opportunitätskosten im Hinterkopf zu behalten.

Bezahle immer zuerst Dich selbst

Wenn Du Dir als Ziel gesetzt hast, 300 € pro Monat zu sparen und evtl. 200€ zu investieren, dann tu das immer am Anfang des Monats. Sobald Dein Monatsgehalt auf deinem Konto eintrifft, überweise auf ein anderes Konto den Sparbetrag und investiere die andere Summe. So kommst Du gar nicht in die Versuchung am Ende des Monats mehr auszugeben, als Du vorhattest. Wenn Du bisher nur ein Konto besitzt, dann warte noch kurz ab, bevor Du willkürlich ein zweites eröffnest. In den weiteren Kapiteln dieses Buches wirst Du erfahren, bei welcher Bank sich ein Konto am meisten lohnt. Wenn Du nicht so lange warten willst, dann springe einfach zum vorletzten Kapitel „Alle Spar-Links im Überblick“. Dort findest Du direkt unter dem ersten Punkt meine Empfehlung an Dich bzgl. des Bankkontos.

Mobilität

Die öffentlichen Verkehrsmittel

Diese Form der Mobilität ist ein ziemlich kontroverses Thema, da die öffentlichen Verkehrsmittel eine Vielzahl an Nachteilen sowie Vorteilen bergen. Einerseits empfangen einen teilweise zwielichtige Leute in Bus und Bahn. Andererseits ist es teils günstiger als mit dem eigenen Auto unterwegs zu sein.

Wir fokussieren uns nun nicht auf Komfort, sondern lediglich auf zwei Komponenten: Zeit und Kosten. Die Mehrheit würde behaupten, dass man mit einem eigenen Auto mehr Zeit spart. Das ist jedoch nicht immer richtig, denn es kommt darauf an. Beispielsweise bin ich früher liebend gern jeden Morgen zur Arbeit gefahren und das obwohl ich mit dem Auto 10 Minuten schneller gewesen wäre. Mit Bus und Bahn dauert der Weg ungefähr 30 Minuten und mit dem Auto je nach Verkehr zwischen 10 und 15 Minuten. Bei der reinen Dauer oder Quantität siegt also das eigene Auto. Nun betrachten wir ebenfalls die Qualität der Zeit. Damit ist nicht unbedingt gemeint, wie schön man es in einer gut besuchten Bahn hat, sondern wie gut man diese Zeit nutzen kann. Beim Autofahren ist man extrem eingeschränkt, da man sich auf den Verkehr konzentrieren muss.

In Bus und Bahn dagegen hast Du die Möglichkeit To-Dos oder Erledigungen am Smartphone abzuarbeiten. Sei es einfaches

Vokabellernen, Mails zu checken oder sich den Tag zu organisieren. Indem Du Aufgaben mit in die Bahn nimmst, nutzt Du die Zeit. In meinem alten Job habe ich somit täglich bis zu einer Stunde Arbeitszeit am Arbeitsplatz sparen können.

In Bezug auf die Kosten lässt sich feststellen, dass die öffentlichen Verkehrsmittel in der Regel günstiger sind. Hier gibt es zahlreiche Möglichkeiten wie Monatsabos, Studententickets, Gruppen- oder Tagestarife. Bei dem Autofahren erwarten Dich dagegen keine Rabatte oder Vergünstigungen. Im Gegenteil: Bei Jungfahrern schlägt die Versicherung noch einiges drauf! Wenn wir dies an meinem Beispiel festhalten, würde das Folgendes bedeuten:

Öffentliche Verkehrsmittel: 40-60€ bei einem Monatsabonnement

Bei einem eigenen Auto: Allein die Versicherung ist höher als dieser Monatsbeitrag. Aus reiner Kostensicht daher ein klarer Punkt in Richtung öffentliche Verkehrsmittel – auch wenn ich selbst nicht der größte Fan von ihnen bzw. ihrer Umsetzung bin.

Kein Neuwagenkauf

Ein Auto ist kein Anlagewert. Ein Auto ist ein Konsumgut. Damit geht einher, dass ein Fahrzeug im Verlauf der Zeit immer mehr an Wert verliert. Der Wertverlust ist dabei am Anfang am verheerendsten, sodass Dich bereits die ersten 10 Kilometer Deines Neuwagens mehrere Tausend € kosten können. Dabei spielt es nach einer gewissen Zeit ohnehin keine Rolle mehr, ob Du einen Neuwagen oder einen Gebrauchtwagen fährst.

Bei Gebrauchtwägen denken die meisten Menschen direkt an ein verrostetes Gefährt, welches die letzten Kilometer zu einer Werkstatt schafft. Falsch gedacht! Damit sind auch Jahreswagen gemeint, welche lediglich 8.000-10.000 Kilometer auf dem Tacho haben aber wie neu aussehen.

Wenn Du also wenige Jahre und Kilometer wartest, kannst Du erheblich im Einkauf sparen und trotzdem ein relativ neues Fahrzeug fahren. Die Regel lautet hier: Je länger Du wartest, desto geringer wird der Wertverlust sein.

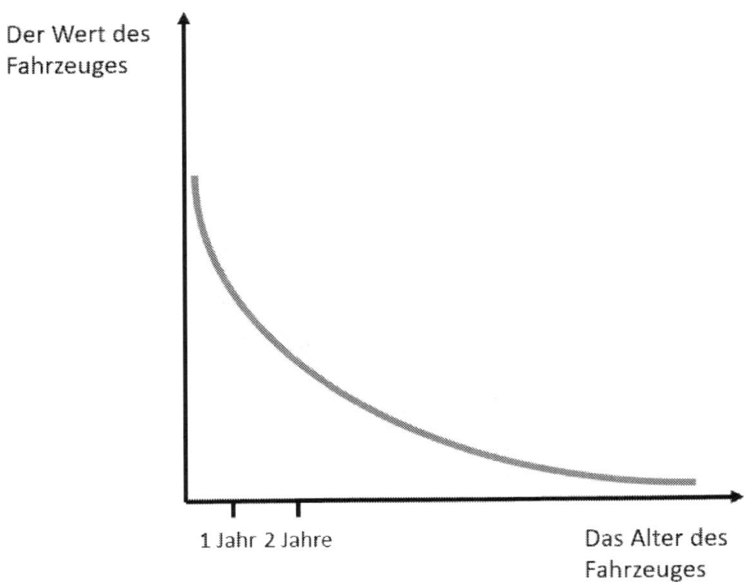

Autos mit Umweltprämie

Der Trend der Elektromobilität wird besonders in den letzten Jahren von der Politik getrieben. In der jüngsten Vergangenheit wird immer wieder mit einer Umweltprämie auf Hybride oder voll elektrische Fahrzeuge geworben. Hier gilt Vorsicht! Der Rabatt von 7-15% scheint auf den ersten Blick verlockend zu sein. Die gesamten Kosten sollten jedoch nicht außer Acht gelassen werden.

Grundsätzlich rate ich jedem davon ab, einen Neuwagen zu kaufen oder zu finanzieren. Da bevorzuge ich sogar das Leasing. Mit dem Kauf eines Neuwagens kaufst Du den größten Wertverlust direkt mit, denn die ersten Kilometer eines Autos sind die teuersten – das gilt auch für Elektrofahrzeuge. Im Schnitt verliert ein Neuwagen bis zu 40% seines Wertes bei den ersten 30.000 Kilometern. Das kann auch die Umweltprämie nicht wettmachen!

Daneben stellt sich besonders bei Elektrofahrzeugen der Wiederverkaufswert. Bei Fahrzeugen, die seit Jahrzehnten produziert und stetig weiterentwickelt wurden, hat man sehr geringe Befürchtungen in Sachen Wartung, Schaden oder Wertverlust. Auf diese Autos ist Verlass und das schon seit Jahren. Bei Elektroautos besteht die Gefahr – jedoch nicht die Garantie –, dass sich aufgrund der Neuartigkeit Kinderkrankheiten einschleichen können. Durch die rasante Entwicklung und den raschen Vorstoß in den Verkauf kann die langfristige Qualität und Zuverlässigkeit des Fahrzeuges erheblich darunter leiden. Daher sollten nicht nur die Anfangskosten betrachtet werden, sondern die Kosten über die gesamte Lebensdauer des Fahrzeuges.

Keine übermäßige Verschuldung (15% monatlich x 36)

Die Frage bleibt nun, wie teuer darf mein Traumfahrzeug sein? Dafür gibt es keine pauschale Formel, die jedem direkt zusagt. Dazu gibt es ein Motto: Es sollte so viel kosten, dass es Dir nicht wehtut. Die Schmerzen dieser Kosten hat dabei jeder selbst auszulegen, denn es macht einen entscheidenden Unterschied, wie Du über Geld und Ausgaben denkst. Wenn ein Sportwagen das Maß aller Dinge für Dich ist, tun Dir 40% Deines Nettoeinkommens überhaupt nicht weh. Wenn Du dagegen ein Haus abzubezahlen und Kinder zu versorgen hast, kommen Dir 20% des Einkommens für ein Auto viel vor.

Eine grobe Rechen-Faustformel wäre zum Beispiel die 15x36 Regel. Hier nehmen wir 15% Deines Nettoeinkommens und multiplizieren es mit 36 Monaten. Wieso 15% und wieso 36 Monate fragst Du Dich? 15% wendet der Durchschnittsbürger für sein Fahrzeug auf (Versicherung und Steuern nicht inkludiert). Nach 36 Monaten haben sich viele Besitzer entweder satt gesehen oder es treten eine Vielzahl an Wartungen, Reparaturen und ggf. Schäden auf.

Beispiel (Mirko, 2.500€ Nettoeinkommen): 375€ (15% von 2.500€) x 36 = 13.500€

Die Faustregel verbietet Mirko zum Beispiel nicht automatisch den Kauf eines PKWs, der 13.900€ kostet. Es ist nur eine grobe Indikation bis zu welcher Preishöhe, die Ausgaben gewöhnlich/überschaubar sind. Dieselbe Statistik sagt dazu aus, dass mit zunehmendem Alter dieser monatliche Prozentsatz sinkt. Die Prioritäten werden also umgestellt auf Familie, Urlaub oder Investments (Altersvorsorge in Form von Versicherungen, Immobilien oder Aktien).

Die richtige Fahrweise – wie Sie bis zu 20% Sprit sparen!

Folgender Tipp ist zwar keine große Überraschung aber für sämtliche Fahrzeuge anwendbar – sogar für E-Autos! Neben dem Kaufpreis, bzw. der Leasingrate haben wir als Fahrer den größten Einfluss auf den Verbrauch selbst. Damit ist nicht gemeint: Je weniger Kilometer Du fährst, desto weniger verbrauchst Du. Damit ist viel eher die Fahrweise und Strecke gemeint.

Der Verbrauch – unabhängig von Motorisierung – schießt bei einer abrupten Fahrweise nach oben. Dies bezieht sich auf spontane Kick-downs, rasche Beschleunigungen gefolgt von derben Bremsungen. Alles in allem Charakteristika einer gehetzten oder eiligen Fahrweise. Fazit daraus ist: Ein gleichmäßiges Tempo beibehalten und – wenn möglich – den Geschwindigkeitstempomaten einschalten. Dazu das Fahrzeug so oft und weit wie möglich ausrollen lassen. Im Schnitt können Fahrer somit bis zu 30% der Tankkosten einsparen. Bei einer beispielhaften monatlichen Tankrechnung von 100€ wären das schon 30€ - ein Abendessen zu Zweit oder die nächste Rate für den Aktien-Sparplan!

Als Orientierung dient dabei der durchschnittliche, kombinierte Verbrauch auf 100 Kilometern in den Herstellerangaben. Doch Achtung: Der Verbrauch der Herstellerangaben wurde mit anderen Felgen und anderen Tricks vorgenommen, sodass Du selbst bei vorbildlicher Fahrweise nicht immer den Verbrauch laut Herstellerangaben triffst! Nichtsdestotrotz solltest Du versuchen, diesem Wert so nah wie möglich zu kommen. Mit der Zeit entwickelst Du ein Gefühl dafür, wie optimal niedrig der durchschnittliche Verbrauch sein kann.

Neben Deiner gewollten Fahrweise spielt auch die Umgebung eine Rolle. Meide daher

- Staus und Verzögerungen
- Ampelparaden
- Übermäßig große Kreuzungen
- Landstraßen mit täglichem landwirtschaftlichem Verkehr

- Innenstadtverkehrt mit Tempolimit 30 oder 40

Darüber hinaus hilft Dir eine gediegene und vor allem den Tempolimits entsprechende Fahrweise dabei, Blitzertickets zu vermeiden. Somit entgehst Du Bußgeldern zwischen 15€ bis hin zu 90€ pro Vergehen.

Autowäsche

So unspektakulär dieser Tipp auch klingt, doch „Do-it-yourself". Natürlich sollte ein bis zweimal jährlich nicht auf eine intensive und professionelle Reinigung verzichtet werden. Die sämtlichen Reinigungen dazwischen – Experten empfehlen je nach Wetterlage und Lack ein bis zweimal pro 6 Wochenrhythmus – nehme ich selber vor. Damit spare ich im Schnitt 15€ und den Spritverbrauch, um zu der Waschanlage zu fahren. Zeitlich nehmen sich die Alternativen nichts, da der Hin- und Rückweg zu der Waschstraße beachtet werden sollte. Die 15€ netto plus ein paar Cent aufgrund der eingesparten Kilometer sind ein ganz passabler Stundenlohn, findest Du nicht auch?

Reifen wechseln

Hier gilt das gleiche Motto wie bei dem Autowaschen. In der Regel drehe ich die Musik auf, mache zuvor ein paar Sportübungen und wechsle dann die Reifen gleich mit. Als Workout geht es nicht ganz durch aber es erfüllt seinen Zweck und spart mir im Jahr rund 100€.

Solltest Du handwerklich nicht fit sein, kannst Du einfach einen Freund oder Bekannten fragen und die Person als Gegenleistung mal zum Essen einladen – somit hast auch Du etwas davon!

Diese Kleinigkeit ermöglicht Dir zwei Sparpotentiale beim Autofahren

Überprüfe alle 2-3 Monate den Reifendruck Deiner Reifen. Denn wenn Du zu wenig Luft in den Reifen hast, erhöht es nicht nur Deine Unfallwahrscheinlichkeit sondern hat auch die folgenden zwei negativen Effekte:

- Du verbrauchst mehr Sprit. Je regelmäßiger Du also fährst, desto mehr Geld verlierst Du.
- Die Abnutzung Deiner Reifen steigert sich. Dadurch musst Du öfters Deine Reifen wechseln.

Diese zwei Punkte lassen sich durch regelmäßiges Reifenüberprüfen vermeiden und ersparen Dir jede Menge Geld.

Zu dieser Uhrzeit solltest Du tanken

Bevor wir das Kapitel der Mobilität abschließen, widmen wir uns den Spritkosten. Diese Kosten können wir als Konsument mehr oder weniger beeinflussen. Wir können die genauen Kosten des Benzins natürlich nicht beeinflussen, jedoch wie vorhin erwähnt unsere Nachfrage danach.

Des Weiteren können wir beeinflussen wann und wo wir Sprit nachfragen. Die Uhrzeit sollte antizyklisch sein, sprich Du solltest dann tanken, wenn es niemand oder weniger Leute tun. Als Indikator dafür hilft Dir zum Beispiel Google mit einem Graph über die Auslastung der Tankstelle:

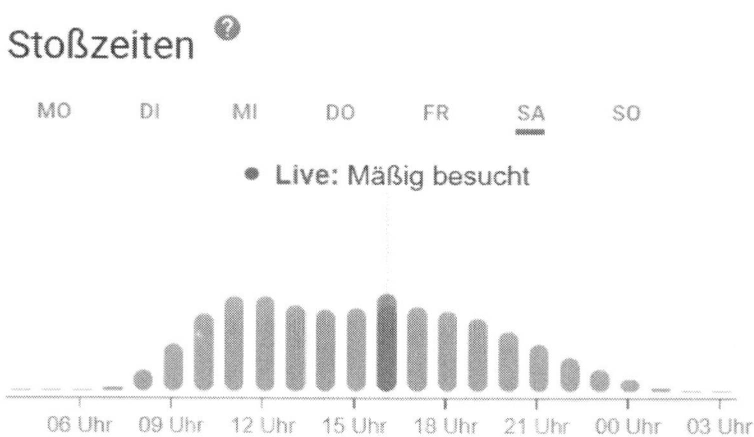

Um niedrigere Preise mitzunehmen, solltest Du tendenziell eher dann tanken, wenn die Auslastung gering, beziehungsweise wenn die blauen Balken kleiner sind. Diese Anzeige bei Google gibt es bei jeder Tankstelle, die auf Google vermerkt ist – also jede seriöse Tankstelle.

Bei der Wahl des Ortes, also der genauen Tankstelle, unterstützt Dich die App HeyBertha. Die App sowie deren Pendants zeigt Dir in Echtzeit sämtliche Spritpreise in Deiner Umgebung an. Auf der Karte sind dann in verschiedenen Farben (rot, gelb und grün) die unterschiedlichen Preisniveaus verzeichnet. Per Klick wirst Du zu der nächstgelegenen und günstigsten Tankstelle navigiert.

Bei der Wahl und Uhrzeit der Spritpreise spart man bei Benzin bis zu 25 Cent pro Liter. Bei einem vollen Tank von 40 Litern sind das pro Tankvorgang 10€ und je nach Fahrweise im Monat insgesamt 30-40€.

Abschlusstipp: Bitte versuche, nicht an Autobahntankstellen zu tanken. Nimm lieber 5 Kilometer in Kauf, um auf die nächstgelegene Dorftankstelle zuzufahren. Dein Geldbeutel wird es Dir danken.

Flixbus, Blabla car, Deutsche Bahn Spartickets

Die Mobilität bezieht sich nicht nur auf Deine alltäglichen Entfernungen und Reisen, sondern ebenfalls auf die weniger häufigen aber dafür weiten Reisen. Mit diesen Reisen ist nicht zwingend Urlaub gemeint, viel eher der Besuch Deiner Verwandten, Freunde oder Bekannten in einer entfernten Stadt.

Innerhalb Deutschlands gibt es dabei die Möglichkeiten von Flixbus, Blabla Car sowie Spartickets der Deutschen Bahn. Flixbus ist von den dreien in der Regel am kostengünstigsten (beispielsweise bin ich einmal von Hamburg nach Berlin für 4,99€ gereist), jedoch mit der längsten Fahrzeit verbunden. Neben den zahlreichen Stopps ist vor allem der Verkehr in Form von Stau und Baustellen zu beachten, daher hängt meine Begeisterung von Flixbus extrem von der Strecke ab. Ab einer Distanz von 400 Kilometern würde ich daher auf Blabla Car oder die Deutsche Bahn umsteigen. Dies hängt natürlich auch von den Städten sowie deren Flixbus-Verbindungen ab. Ein Dorf bzw. eine Kleinstadt ist per Flixbus schwerer zu erreichen als mit der Deutschen Bahn (über Umwege) aber dafür leichter als mit Blabla Car.

Blabla Car sei an dieser Stelle für Fahrer sowie für Mitfahrende empfohlen. Du solltest auf jeden Fall beachten, dass das Konzept von Blabla Car nicht vorsieht, dem Fahrer ein Vermögen zu verschaffen. Die Gebühren der Mitfahrenden sollen lediglich die Tankkosten (+/- ein paar Euro) decken. Die Fahrt ist dabei extrem abhängig von den Mitinsassen, mit denen Du für mehrere Stunden auf einer Fläche von beispielsweise drei Quadratmetern gefangen bist. Ratsam ist daher vor allem das Hinzuziehen der Bewertungen der Fahrer!

Zu guter Letzt die Deutsche Bahn: Jeder hat darüber seine eigene Meinung, mich natürlich inbegriffen. Nichtsdestotrotz kamen in den letzten zwei bis drei Jahren immer mehr Sparangeboten (beispielsweise der Super-Sparpreis) sowie Bahnkarten zum halben

Preis (in der Regel zwischen Ende November und Weihnachten). Damit erspart man sich nicht nur einige Nerven im Vergleich zu nervigen Beifahrern oder stundenlangen Staus, sondern schafft auch Zeit für ein Hobby, Arbeit oder sonstige Möglichkeiten mit dem WLAN im Zug.

Raststätten & Toiletten

Hygiene hat seinen Preis – besonders in Zeiten von Corona. Dennoch entschied ich mich immer für einen Rastplatz ohne zusätzliche Gebühren. Dabei spart man sich zwar nur ein bis zwei Euro pro Klogang, jedoch zählt die langfristige Perspektive gemäß dem Motto: Wer den Euro nicht ehrt, ist die Millionen nicht wert (oder so ähnlich).

Neben den unglaublich hilfreichen Toilettengutscheinen, die man nahezu in ganz Deutschland auf jeden Artikel einlösen kann (nicht), kommst Du nicht in Versuchung noch den Schokoriegel oder das Softgetränk zu erwerben. Somit bleibt Deine Brieftasche gleich doppelt verschont. Ich packe mir zu jedem Ausflug eigene Snacks und eine Flasche Wasser zu Beginn ein und vermeide somit die völlig überteuerten Tankstellenartikel.

Fahrrad

Der Großteil meiner Freunde und Bekannten in Berlin, Hamburg oder Stuttgart fahren immer häufiger mit dem Fahrrad von A nach B. Dies gilt nicht nur für den Lebensmitteleinkauf, sondern auch für Fahrten zur Arbeit.

Grund dafür ist vor allem das immer unerträglich werdende Verkehrsaufkommen der Städte sowie die teilweise nicht günstigen Tickets der öffentlichen Verkehrsmittel. Zu unterscheiden sind hier die regulären Drahtesel von den neuen E-Bikes. Beide Varianten haben ihren Charme. E-Bikes sind angenehmer und auch tauglich für Strecken ab 5 Kilometern, kosten dafür einiges mehr. Der Startpreis von E-Bikes liegt bei rund 800€. Hier empfehle ich jedoch Geduld, denn mit zunehmender Zeit wird die Nachfrage nach E-Bikes größer, die Produktionsmenge höher und der Preis schließlich geringer – jedenfalls ist dieser Trend bei den meisten technologischen Errungenschaften zu verzeichnen.

Der folgende Graph verdeutlicht die Entwicklung des Preises eines Produktes über den Verlauf der Zeit. Die gestrichelten Linien trennen dabei die Käufergruppen voneinander ab. Die Käufergruppen in der Reihenfolge von links nach rechts sind dabei:

1. Die Innovatoren

2. Die frühen Adoptierer

3. Die frühe Mehrheit

4. Die späte Mehrheit sowie die Nachzügler

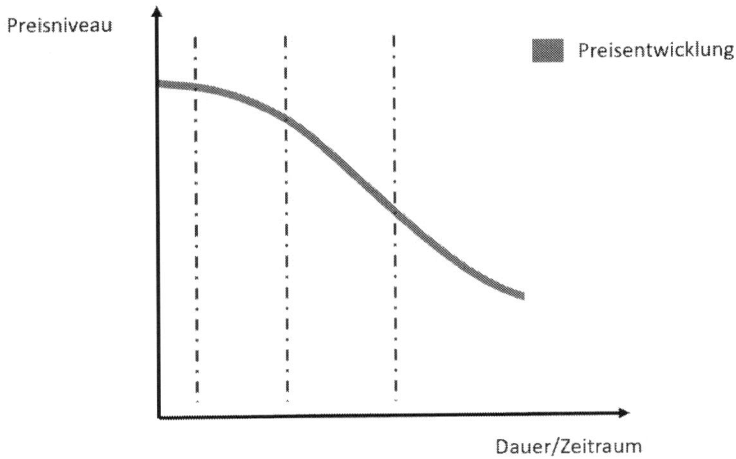

Wohnen

Die Wohngemeinschaft – Fluch oder Segen?

Viele verbinden eine Wohngemeinschaft mit verschimmelten Essensresten, der ständigen Beobachtung, der eingeschränkten Freiheit in den eigenen vier Wänden und weiteren negativen Erscheinungsmerkmalen. Festzuhalten bleibt, dass Du Dir erheblichen Aufwand und noch erheblich mehr Geld sparst. Besonders in deutschen Großstädten mit hohen Durchschnittsmieten ist eine WG die beste Option für (junge) Alleinstehende.

Aufwand sparst Du Dir in Form von Reinigung, denn anstatt der gesamten Wohnung musst Du nur teilweise Bad und Küche und Dein eigenes Zimmer (nach Belieben) sauber halten. Klingt also etwas entspannter als ein Staubmagnet für Dich alleine.

Kosten sparst Du Dir vor allem bei der Miete. Die Miete, beziehungsweise das Geld zum Wohnen (inkludiert das Zurückzahlen des Kredites bei Eigentümern) ist in ganz Deutschland und womöglich auf der ganzen Welt der mit Abstand größte Kostenbaustein. Wann immer Du hier ansetzen kannst, tu es! Hier erfährst Du den größten Effekt. Einige Freunde von mir haben in Stuttgart studiert, welche nach München die zweit teuerste Stadt ganz Deutschlands ist. Für eine Einzimmerwohnung zahlt man in 2020 mindestens 700€ Warm (Strom- und Heizkosten inkludiert).

WG-Zimmer gibt es dagegen ab 400€ Warmmiete. Monatlich sparst Du damit 300€ und jährlich 3.600€. Vor allem, wenn Du beruflich und privat viel unterwegs bist, macht eine eigene Wohnung vielleicht weniger Sinn als ein einzelnes Zimmer. Solltest Du bereits in eine Wohnung gezogen sein, jedoch zu einer Wohngemeinschaft tendieren, habe ich Folgendes für Dich:

- Airbnb, kurzfristige Vermietungen
- Einen Untermieter für das zweite/dritte Zimmer Deiner Wohnung finden

In beiden Fällen benötigst Du unbedingt die Zustimmung des Vermieters. Komm diesem gerne entgegen und biete ihm 5% der zusätzlichen Miete an, meine Vermieter haben dies immer liebend gern akzeptiert, solange jemand Anständiges einzieht.

Hinzukommen die Möbel: Anstatt die gesamte Wohnung zu möblieren, musst Du nur noch Dein eigenes Zimmer ausstatten, denn Küche und Badezimmer sind bereits vor Deinem Einzug möbliert. Wie genau Du bei Möbeln sparen kannst, erfährst Du bei den folgenden Tipps!

Möbel und Inneneinrichtung

Für günstige Möbel und das Sparen bei dem Einrichten der Wohnung habe ich zwei entscheidende Tipps für Dich:

- Second-Hand (aus zweiter Hand)
- Do-it-yourself (mach es selbst)

Bereits gebrauchte Möbel müssen nicht immer vollkommen verdreckt oder kaputt sein. Zahlreiche Verkäufer haben eine Haushaltsauflösung oder einen komplizierten Umzug vor sich. Das bedeutet, dass die Verkäufer die Objekte gerne behalten würden, aber aufgrund der individuellen Umstände leider nicht können. Daher verkaufen sie ihre Artikel zu einem gebrauchten und viel günstigeren Preis weiter und das obwohl die Artikel völlig in Ordnung sind!

Eine der bekanntesten Plattformen für Gebrauchtartikel ist die Auktionsplattform eBay oder eBay Kleinanzeigen. Hier gibt es beinahe alles zu finden wie zum Beispiel eine funktionstüchtige Waschmaschine, welche ich erworben habe:

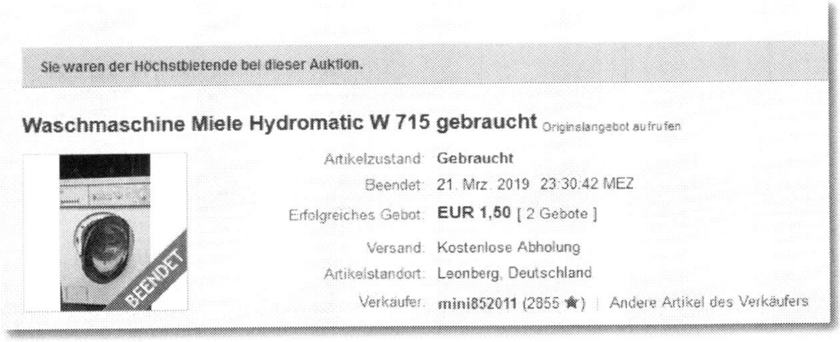

Daneben gibt es bei Ikea die Ikea-Sammelgrube, welche grundsätzlich nach dem gleichen Prinzip funktioniert. Der entscheidende Unterschied liegt dabei in dem Qualitätsmanagement von Ikea. Bevor gebrauchte Artikel in der Fundgrube landen, werden sie von Ikea auf Herz und Nieren, beziehungsweise auf Holz und Nagel geprüft. Das erleichtert das Misstrauen und schafft Vertrauen!

Sollte es in Deiner Nähe kein leicht erreichbares Ikea-Geschäft geben, tun es ebenfalls Gebrauchte-Möbel-Geschäfte. Die genauen Qualitätsrahmen können hier jedoch deutlich voneinander abweichen, daher ist etwas Vorsicht geboten.

Alternativ gibt es noch einen Tipp, über den sich die Heimwerker freuen: Einfach selber machen! Das ist in der heutigen Zeit viel einfacher als gedacht, denn Inspiration und Tipps kannst Du Dir auf Internetblogs von Obi, auf Pinterest (eine digitale Plattform der Inspiration) oder auf YouTube verschaffen. Zwei Praxisbeispiele zeige ich im Folgenden:

Diesen Esstisch habe ich selbst gebaut. Dazu habe ich mir eine Platte im Baumarkt besorgt (13€) und mit etwas Farbe angestrichen (7€). Die Tischbeine mit Schrauben habe ich separat bestellt (50€). Insgesamt hat mich der Esstisch mit den Maßen 90cm x 200cm 70€ gekostet.

Der Tisch im Marmorlook besteht aus sechs dünnen Holzplatten für insgesamt 9€ aus dem Baumarkt und einer Marmorfolie für 15€. Insgesamt hat der Tisch daher 24€ gekostet. Die Folie gibt es in verschiedenen Motiven und Mustern.

Die Sitzgelegenheit für zwei Personen besteht aus drei angestrichenen Paletten, welche ich von einem Bekannten von der Baustelle geschenkt bekommen habe. Dazu habe ich später ein Sitzkissen für 20€ erworben und schon ist es fertig.

Lage

Bei der Lage ist es alles eine Frage der Schmerzensgrenze, beziehungsweise des akzeptablen Maßes. Die Grenze oder der Punkt des „bis hierhin fühle ich mich wohl und möchte eine höhere Miete sparen“, setzt Du Dir selbst. Über die Zeit passt sich dieser Punkt auch in Richtung Bequemlichkeit und Komfort an, beziehungsweise orientiert sich nach anderen Parametern (Kindergarten, dann Schule, dann Universität, dann Arbeitgeber).

Mit einer niedrigeren Miete gehen in der Regel Nachteile, beziehungsweise weniger starke Vorteile einher. Das Leben auf dem Land ist somit günstiger als in der Stadt, weil viel weniger Infrastruktur zu erreichen ist. Innerhalb der Stadt ist dann jedoch noch von Vierteln mit unterschiedlichen Niveaus zu unterscheiden. Daher empfehle ich hier nicht pauschal das günstigste Viertel, denn hier wäre die Wahrscheinlichkeit enorm hoch, dass Du nach wenigen Monaten wieder ausziehst.

Das Sparen ist hier an die Langfristigkeit geknüpft. Natürlich musst Du nicht am Alexanderplatz in Berlin leben, aber Du solltest Dich auf lang- oder mittelfristig wohl in der bewohnten Umgebung fühlen. Für Fragen als Indikator: Fühle ich mich auf den hiesigen Straßen nachts noch wohl oder traue ich mich nicht mehr alleine heraus?

Deko

Neben den Möbeln verschönern Dekoartikel die eigenen vier Wände und individualisieren die Wohnung auf Deinen Geschmack. Auch hier stellt sich die Frage, ob kaufen oder selber machen.

Bei einem Kauf lohnt sich ein Blick auf die Läden von „Action". Leider ist die Kette nicht allzu verbreitet, doch umso tollere Artikel gibt es dort zu einem verschwindend geringen Preis. Gartenstühle für 8€, ein neuer Teppich für 4€ oder Schälchen für einen Euro.

Wer es lieber gerne selber macht und seiner Kreativität freien Lauf lassen will, der kann sich den gleichen Inspirationsquellen bedienen, welche bei dem Kapitel Möbel aufgezeigt wurden. Ein Beispiel aus meiner Wohnung ist auf dem folgenden Bild zu sehen:

Das Schilf habe ich an einem benachbarten Feld abgegrast, daher war dieser nicht allzu verbreitete Dekoartikel kostenlos!

Zum Schluss ein Praxistipp, wie Du mit wenig Geld eine große Wirkung erzielen kannst. Das funktioniert mit Hilfe von Lichterketten, welche Du mit Fernbedienung steuern und überall hin kleben kannst. Bereits ab 15€ verfügbar!

Strom und Gas/Öl – Kosten, die einheizen! 4 Wege um enorm zu sparen

Die Kosten behältst Du hier an zwei Zeitpunkten im Überblick – einerseits jährlich und andererseits bei dem Einkauf von Geräten.

Langfristige Sichtweise bei Elektrogeräten

Neben dem hohen Einkaufspreis zählt der Energieverbrauch der Geräte, denn dieser Verbrauch schlägt sich monatlich in Deinen Nebenkosten nieder. Daher bevorzuge ich beispielsweise ein Gerät mit drei besseren Energiestufen und einem minimal höheren Einkaufspreis vor einem etwas günstigerem aber mehr verbrauchenden Gerät. Es ist nämlich nur eine Frage der Zeit, bis die höheren Nebenkosten und den etwas höheren Einkaufspreis einholen. Meine Empfehlung daher: Finger weg von Geräten unter einem Verbrauch von A/B. Vor allem bei Geräten, die du regelmäßig und über einen längeren Zeitraum nutzt.

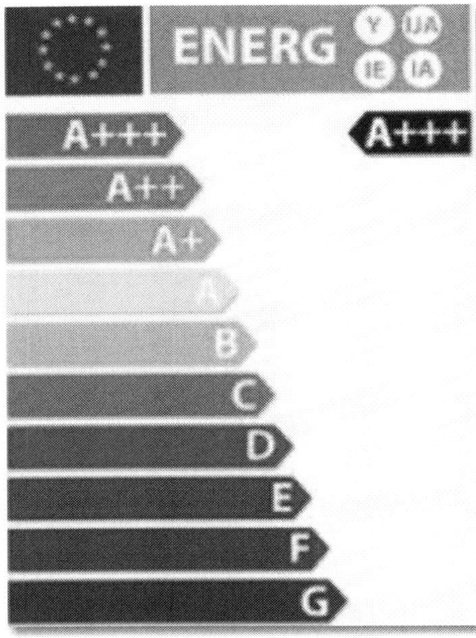

Licht als effektive Sparmöglichkeit

Falls Du immer noch alte Glühbirnen in deinem Haushalt verwendest, dann tausche diese direkt aus. Denn sie haben einen Wirkungsgrad von ca. 2% und sind aus diesem Grund auch seit 2012 in Deutschland zum Verkaufen verboten!

Jetzt hast Du zwei Möglichkeiten: Energiesparlampen oder LED-Lichter.

Beide sind auf jeden Fall sparsamer als Glühbirnen. Energiesparlampen sind in der Regel billiger als LED-Lichter im

Anschaffungspreis. Allerdings unterliegen Energiesparlampen LED-Lichtern in drei Punkten:

1. Sie verbrauchen mehr Strom als LED-Lichter. Deshalb solltest du an Orten, an denen Du das Licht täglich nutzt auf jeden Fall auf LED-Lichter umsteigen.

2. Energiesparlampen benötigen eine sehr lange Zeit, bis sie wirklich 100% ihrer Helligkeit abgeben. Das nervt!

3. Die Lebensdauer von Energiesparlampen unterliegt in der Regel der von LEDs. Je öfter Du vor allem das Licht an- und ausmachst desto kürzer wird sich die Lebensdauer von Energiesparlampen gestalten.

Und zum Schluss noch ein sehr offensichtlicher Tipp: Schalte das Licht in einem Raum aus, wenn Du Dich nicht mehr im Raum befindest. Auch wenn Du nur kurz eine Klopause einlegst. (Bei kurzen Pausen natürlich nur, wenn Du LED-Lichter verwendest)

Stecker in der Steckdose als unnötiger Stromfresser

Du bist fertig mit der Arbeit am Computer und schaltest ihn aus. Nun lässt Du aber den Stecker in der Steckdose drin. Was die Wenigsten wissen: Auch wenn ein Elektrogerät ausgeschaltet ist, dieses aber mit der Steckdose verbunden ist, dass es weiterhin Strom verbraucht. Das liegt unteranderem am Transformator im

Stromkabel, der die Spannung regelt. Deshalb achte darauf, dass Du bei jeglichen Elektrogeräten, die Du ausschaltest, den Stecker aus der Steckdose ziehst. Du kannst Dir das Leben auch in der Hinsicht vereinfachen, wenn Du Dir eine Steckdosenleiste mit einem Ein-/Ausschaltknopf zulegst. Da reicht es, wenn Du den Knopf der Steckdosenleiste ausschaltest.

Das Gleiche gilt, wenn Du Deinen Laptop, Dein Smartphone oder Deine Smartwatch lädst. Sobald das Gerät fertiggeladen ist, solltest Du nicht nur das Gerät vom Kabel lösen, sondern auch das Kabel aus der Steckdose entfernen. Es wird nämlich sonst weiterhin Strom verbraucht!

Prüfe Deine Verträge!

Daneben würde ich mindestens einmal jährlich die Gas-, Öl- und Stromverträge prüfen. Dies funktioniert beispielsweise hervorragend über die Plattform von Check24. Es ist kein Geheimnis, dass Energieanbieter ihre Beiträge jährlich – unterschiedlich hoch – erhöhen. Dadurch spare ich jährlich im Schnitt zwischen 10€ und 30€ monatlich. Jährlich gesehen also bis zu 360€!

Zudem bieten die meisten Anbieter einen Neukunden- bzw. Wechselbonus an. Das heißt Du wirst nicht nur von einem günstigeren Tarif profitieren, sondern kassierst auch eine nette Summe Geld für den Wechsel.

Verwaltung und Finanzen

Haftpflichtversicherung

Die Haftpflichtversicherung ist das ideale Beispiel dafür, dass kurzfristiges Sparen nicht immer zielführend ist. Mit der Kurzfristigkeit ist der monatliche Beitrag gemeint, welcher in der Regel zwischen 3€ und 5€ beträgt. Langfristig entgehst Du damit jedoch kostspielige Sachschäden. Damit müssen gar nicht die Horrorszenarien aus den Werbekampagnen der Versicherungen gemeint sein. Es genügt, wenn Du die Brille Deines Kumpels versehentlich beschädigst. Damit würde Dir eine Rechnung in Höhe von 200-300€ entstehen.

Des Weiteren lassen sich diese Beiträge von der Steuer absetzen. In diesem Fall würde man daher am falschen Ende sparen!

GEZ

Rundfunk- oder GEZ-Gebühren spalten die Gesellschaft. Ich persönlich schaue kein Fernsehen mehr, Amazon Prime und Netflix bilden den vollen Ersatz für meinen Bedarf. Nichtsdestotrotz ist man in der Bundesrepublik Deutschland dazu verpflichtet, die GEZ Gebühren (in 2020 17,50€ monatlich) zu zahlen. Dabei gibt es nicht einmal einen Studentenrabatt. Sich von diesen Beiträgen zu entziehen ist besonders schwierig, da das Einwohnermeldeamt, Deine Adresse direkt an die GEZ-Zentrale übermittelt.

Eine Möglichkeit, den Beitrag beliebig oft zu verringern ist und bleibt: Die Wohngemeinschaft. Damit würdest Du in dieser Hinsicht je nach Mitbewohneranzahl mindestens 8€ monatlich (fast 100€ jährlich) sparen. Weitere Informationen zu der Wohngemeinschaft erfährst Du in dem Kapitel unter „Wohnen".

Kontoführungsgebühren

Hier lautet die Devise nicht unbedingt einen geringeren Betrag zu suchen, sondern gänzlich vermeiden! In der heutigen Zeit halte ich es für nicht sinnvoll, unzählige Dorffilialen mit meinem Beitrag über Wasser zu halten. Daher rate ich zu äußerster Vorsicht bei Sparkassen und Volksbanken. Ich kann dir deshalb die DKB (Deutsche Kreditbank) empfehlen, welche 0,0€ Kontoführungsgebühren fordert. Insgesamt stellt die DKB auch die besten Konditionen in Bezug auf kostenfreies Geldabheben, kostenfreies Zahlen im Ausland und so weiter.

Hier kannst Du Dir direkt ein **kostenloses Girokonto** bei der DKB eröffnen:

http://bit.ly/2KQh6BO

Solltest Du bei deinem bestehenden Girokonto dennoch Gebühren zahlen, bleibt Dir weiterhin die Möglichkeit die Gebühren steuerlich geltend zu machen.

Kontoführungsgebühren bei Investments (Aktien, Fonds, ETFs)

Hier gilt dasselbe wie bei Deiner Hausbank: Schlichtweg vermeiden. Ein Beispiel dafür ist der digitale Broker von Trade Republik, über den keine Kontoführungsgebühren anfallen, über 1.000 kostenlose Sparpläne zur Verfügung stehen und bei jedem Kauf und Verkauf sage und schreibe 1€ anfällt – und das unabhängig davon, ob Du mit der Transaktion 1.000€ oder 1.000.000€ bewegst. Zu schön, um wahr zu sein? Schau einfach mal unter dem **Link/QR-Code** vorbei und **sichere Dir eine 15€-Prämie**. Diese erhältst Du **nachdem** Du deinen **ersten Trade** absolviert hast.

http://bit.ly/3bgaGGS

Kostenfalle Abonnements

Wer kennt es nicht? Das kostenlose Probeabo hast Du für ein, zwei oder drei Monate abgeschlossen. Dabei hast Du Dir geschworen, rechtzeitig zu kündigen. Doch nach mehreren Monaten taucht auf einmal eine Benachrichtigung mit der ersten Rechnung dieses Abonnements auf. Dagegen habe ich eine einfache Lösung, wofür Du etwas Selbstdisziplin benötigst: Mache Dir eigene Kalendereinträge! Dafür benötigst Du eine halbe Minute und sparst Dir im Nachhinein Geld, Zeit und Nerven.

Steuererklärung machen und Geld zurückholen!

Steuern sind für viele Leute ein extrem trockenes und zähes Thema. Das mag zwar sein, doch hier schlummern mehrere Hundert bis

Tausend Euro – und das jährlich! Daher rate ich Dir, Dich entweder selbst dran zu setzen oder professionelle Beratung in Anspruch zu nehmen. Die 150€ Gebühren für den Steuerberater rentieren sich bei der durchschnittlichen Erstattung von 1.050€. Den Steuerberater meines Vertrauens verrate ich Dir gerne, kontaktiere mich dazu einfach per E-Mail!

Internetverbindung

Je nach Anbieter und Breitband können die monatlichen Gebühren unterschiedlich stark voneinander variieren. Dazu rate ich an dieser Stelle nicht zu einem bestimmten Anbieter oder zu einer bestimmten Breitbandanzahl.

Viel eher möchte ich darauf aufmerksam machen, dass es eine Möglichkeit gibt, die Breitbandqualität Deines Internets zu prüfen. Das funktioniert mit Hilfe einer Website oder App, welche von der Regierung der Bundesrepublik Deutschland freigegeben wurde.

Dazu startest Du einfach die Messung unter Breitbandmessung.de und prüfst, ob die tatsächliche Internetqualität von der bestellten abweicht. Sollte dies über Tage und Wochen der Fall sein, kannst Du bei Deinem Anbieter entweder eine Entschädigungszahlung oder eine bessere Internetqualität einfordern!

Krankenversicherung

Hier schlummert der ewige Kampf zwischen privater und gesetzlicher Krankenversicherung. Dazu habe ich per se nicht die Patentlösung, jedoch eine eigene Meinung und persönliche Erfahrung. Zunächst klingt es in jungen Jahren verlockend, einen doppelt so niedrigen Beitragssatz für die private Krankenversicherung zu zahlen. Dieser Beitrag erhöht sich jedoch rapide mit erhöhten Alter und übertrifft ab zum Beispiel Ende 30 den Beitrag der gesetzlichen Krankenversicherung.

Des Weiteren kannst Du Kinder in der gesetzlichen Krankenversicherung mitversichern. Ein Kind kostet in der privaten Krankenversicherung von Geburt bis zum 25. Lebensjahr im Schnitt 25.000€ - bei zwei Kindern also 50.000€. Daher wäre hier eine Erwägung der gesetzlichen Krankenversicherung von Beginn an sinnvoll.

Flohmarkt, Sperrmüll

Viele Menschen sind sich dafür zu schaden, doch ich kann eines sagen: Es lohnt sich (jedoch nicht immer). Damit meine ich nicht, dass ich jede Woche auf den Sperrmüll oder Flohmarkt fahre. Dafür opfere ich keinesfalls meine Zeit. Ich möchte damit das Bewusstsein für Gebrauchtartikel schaffen. Ein Beispiel: Sonntags spaziere ich mit meiner Partnerin in dem umliegenden Park und der angrenzenden Nachbarschaft. Dabei ist uns der ein oder andere Sperrmüll aufgefallen. Oftmals – und damit bezeichne ich die schlagende Mehrheit – ist wirklich Schrott zu finden. In den Ausnahmefällen tut sich jedoch der ein oder andere Schatz hervor. Somit haben wir einen Teppich für den Balkon (10€ gespart) und eine neue Tischplatte für den Gartentisch (25€ gespart) gefunden – und das obwohl wir nicht akribisch und zeitintensiv danach gesucht haben. Weniger ist hier also mehr, doch wenn sich eine günstige Gelegenheit auftut – schlag zu!

Private Rentenvorsorge

Die Prognosen der letzten Jahre zeigen alle eines: Die gesetzliche Rente der Zukunft treibt 30-40% die Rentennehmer ab dem Jahr 2050 in die Altersarmut. Altersarmut, bzw. Armut beschreibt den Zustand, in dem die Einnahmen nicht einmal für das Existenzminimum genügen. Natürlich ist das Jahr 2050 extrem weit entfernt, jedoch wird uns dieses Szenario mit extrem hoher Wahrscheinlichkeit treffen. Daher die Devise: Je früher Du Dich absicherst, desto besser.

Dabei empfehle ich keinen Anbieter direkt, sondern die Möglichkeit der privaten Rentenvorsorge. Eine private Rentenversicherung zählt keinesfalls dazu. Hier würde ich auf jeden Fall die Finger davonlassen, da die Gebühren ein Viertel Deiner Beiträge verschlingen und die Rendite nicht einmal die Inflation einfährt.

Fernab davon gibt es zahlreiche Möglichkeiten und Modelle, die Du entweder mit Deinem Arbeitgeber absprechen kannst oder pauschal als Tarifbeschäftigter in Fonds wie den der Metall-Rente beziehen kannst. Eine Gemeinsamkeit haben alle: Der Beitrag wird von Deinem Bruttoentgelt abgezogen, sodass Du auch noch Steuern sparst. Natürlich müssen die Leistungen daraus später versteuert werden, doch sparst Du Dir im Hier und Jetzt jeden Monat Steuerbeiträge. Beispielsweise hat ein Freund von mir in jungen Jahren 25€ in die private Rentenvorsorge in Form eines Fonds eingezahlt. Grundsätzlich empfehle ich hier mehr, jedoch wird an dem Beispiel die eingesparte Steuerlast verdeutlich. Von den 25€ Bruttoeinzahlungsbetrag hat er effektiv 3€ weniger in seinem Nettoeinkommen gespürt. Spricht für 3€ weniger, zahlst Du 25€ in Deine private Rente ein. Der Zinseszins vermehrt Dein angespartes Kapital über die Zeit und Du spürst nichts. Klingt doch nach einem guten Deal oder?

Kirchensteuer

Bevor jetzt ein großer Aufschrei kommt: Ich bin auch gläubig. Muss ich deswegen wie zu Lutters Zeiten Ablassbriefe bezahlen? Nein. Das Gleiche gilt für die Kirchensteuer, welche weltweit einzig und allein in Deutschland erhoben wird. Sind nach der Logik alle anderen Christen außerhalb Deutschlands schlechte Christen? Ich glaube nicht. Neben zahlreichen sexuellen Übergriffen von Priestern auf Messdiener oder dem verschwenderischen Lebensstil des Bischofs von Limburg habe ich mir die Frage gestellt: Möchte ich einen vierstelligen Betrag meines Geldes dafür opfern? Bevor ich nun als unsoziales Geschöpf angesehen werde, erzähle ich Dir von einer Alternative:

Das eingesparte Geld spende ich direkt an die deutsche Krebshilf, SOS Kinderdorf und UNICEF. Das Geld geht somit direkt zu Bedürftigen über – wenn auch nicht zu 100%. Des Weiteren tue ich eine gute Tat, welche ich daneben von den Steuern absetzen kann. Sprich ich habe doppelt gespart und eine gute (vielleicht) bessere Tat vollbracht.

Darüber hinaus wird die Kirchensteuer (je nach Bundesland zwischen 8 und 9% Deiner Einkommenssteuerlast) auf sämtliche Einkünfte und Einkunftsarten erhoben: Dies gilt also für Dividenden, Zinsen Deines Tagesgeldkontos, Gehalt Deines Arbeitgebers, Mieteinkünfte Deiner Immobilie und vieles mehr.

Glücksspiel

Glücksspiel ist zu 100% verschwendetes Geld. Jeder, der das Gegenteil behauptet, sollte eine Bilanz aufziehen mit sämtlichen Ausgaben und Einnahmen. Langfristig ist der Spieler immer der Verlierer – wieso stehen sonst die pompösesten Casinos mit Hektargroßen Springbrunnen mitten in einer Wüste (ich spreche von Las Vegas, Nevada, USA).

Zu Glücksspielen zähle ich neben Sportwetten, Casinos, Spielotheken und vor allem auch Lotto. Denn der Effekt ist immer derselbe: Die Nachricht, dass Markus einmal 15€ beim Lottospielen gewonnen hat, wird viel öfter kundgetan, als die bisherigen Ausgaben in Höhe mehrerer Hundert Euro. Daneben bestehen hier eine Suchtgefahr und eine Sucht jeglicher Art verdirbt Dich – dies ist meine persönliche Meinung.

Die großen Scheine

Folgender Tipp scheint auf den ersten Blick etwas unkonventionell, hält jedoch, was verspricht! Wenn Du ein Fan von Bargeld bist, empfehle ich Dir wenn möglich, große Scheine auszahlen zu lassen. Damit ist – und das ist psychologisch bewiesen – die Hürde zum Ausgeben größer. Das bedeutet, Du überlegst Dir dreimal, ob

Du Dir den Schokoriegel oder die Kaugummis kaufst, denn somit müsstest Du Deinen 50er Schein klein machen.

Bei herumklimperndem Kleingeld in Deinen Hosentaschen neigt der Mensch eher dazu, diese „Peanuts“ (im Englischen für Erdnüsse mit dem Verweis auf geringes Geld, welches spielerisch ausgeben werden kann) für unnötige Käufe aufzuwenden.

Diese unnötigen Käufe von einmal 3€, dann einmal 4€, dann noch einmal 2€ summieren sich im Monat in der Regel auf zwischen 30 und 50€ - ich spreche aus eigener Erfahrung. Somit könntest Du im Jahr bis zu 600€ sparen und das mit Hilfe eines simplen psychologischen Tricks!

Mobiltelefon und Datenvolumen

Der Mensch neigt tendenziell verschwenderisch zu agieren, wenn er die Möglichkeit dazu hat. Daher lautet mein Motto: Lass es erst gar nicht zu dieser Möglichkeit kommen. Das gilt ebenfalls für den Abschluss eines Mobilfunkvertrages für Datenvolumen.

Dadurch, dass ich meinen Social Media Konsum etwas einschränke – was auch meiner mentalen Stabilität zugutekommt – spare ich mir unnötig hohe Mobilfunkgebühren. Obendrein versuche ich, Videos nur mit WLAN anzuschauen.

Beispielsweise zahlen Bekannte von mir bis zu 25€ monatlich für ihren Internetvertrag ihres Handys. Ich zahle dagegen lediglich 7€

(bei Aldi Talk) und komme mit den genannten Gewohnheiten gut aus. Monatlich spare ich somit 18€ und jährlich 216€.

Wenn Du Dir allerdings mehr als nur die Basistarife von Aldi Talk zulegen möchtest, dann kann ich Dir den Onlineshop **Sparhandy** empfehlen. Dort findest Du jederzeit die besten Angebote zu Mobilfunktarifen mit oder ohne Smartphone. Es sei allerdings angemerkt, dass in den meisten Fällen ein Tarif ohne Smartphone mit einem separaten Smartphonekauf die günstigere Alternative ist. Wie Du ein günstiges Angebot für ein Smartphone findest, erfährst Du im Kapitel „Konsum“.

Digitalisierung nutzen

Damit ist vor allem das unnötige Ausdrucken von Rechnungen, Bahn- oder Flugtickets gemeint. Jeder seriöse Anbieter sowie jede seriöse Flug- oder Reisegesellschaft verfügt über eine App oder Website mit der Möglichkeit der digitalen Tickets. Daher tu Deinem Geldbeutel und der Umwelt etwas Gutes und spar Dir das Ausdrucken von Rechnungen und Tickets, die Du spielerisch leicht auf Deinem Handy kostenlos abscannen oder fotografieren kannst. Dein Handy hat so viele Möglichkeiten, Du musst sie nur nutzen!

Keine Gebühren für das Geldabheben

Der Tipp ist leichter gesagt als in der Tat umgesetzt. Denn, wenn es zu der Situation kommt, dass Deine Bankkarte nicht ohne Gebühren von dem Geldautomaten akzeptiert wird, ist es einem oft peinlich, seine Freunde oder Bekannte nach Unterstützung zu fragen.

Deshalb schaue einfach nach einer Bank bei der Du ohne Gebühren Geld an jedem Bankautomaten abheben kannst.

Ich kann dir hierbei auf jeden Fall die DKB (Deutsche Kreditbank) empfehlen.

Das Konto ist bei der DKB völlig kostenlos und dazu kannst Du ebenfalls mit der kostenlosen Kreditkarte der DKB an jedem Geldautomaten in Deutschland, aber auch in Europa und jedem anderen Land der Welt (ist die einzige deutsche Bank, die das ermöglicht!), ohne Gebühren Geld abheben. So bist Du völlig flexibel und sparst Dir jede Menge Geld.

Hier kannst Du dir mit wenigen Mausklicks ein kostenloses DKB-Konto eröffnen

http://bit.ly/2KQh6BO

Wenn es darum geht, dass Du deinen Freunden oder Bekannten einen Betrag schuldest, Du es aber nicht in bar zur Hand hast, dann ist die bequemste Möglichkeit das Geld direkt per Paypal zu senden. Mit Paypal sendest Du per Klick innerhalb weniger Sekunden das Geld an Deinen Bargeldretter. Somit sparst Du Dir das Geld und die Mühe mit dem Geldabheben.

Mit dem folgenden **Link/QR-Code** kannst Du Dir sogar **5€ Prämie** sichern. Dafür solltest Du aber **innerhalb der ersten 14 Tage mit Paypal einen Onlineeinkauf über 10€ tätigen**. Mit Paypal kannst du nämlich auch bequem in nahezu jedem Onlineshop zahlen. So ersparst Du Dir das lästige und erneute Eintragen Deiner Bank- bzw. Kreditkartendaten in jedem Onlineshop.

https://bit.ly/3o7QSsW

So verpasst Du nie wieder eine Vertragsdeadline

Wie bereits beim Stromwechsel angemerkt, solltest du regelmäßig Deine Verträge prüfen, um stets den besten Preis abzurufen. Dafür solltest Du dir einen Überblick über alle Deine Verträge machen und Dir:

- Die Vertragslaufzeit bzw. Vertragsende
- Die Kündigungsfrist

Raussuchen. Nun kannst du ca. 2-3 Wochen vor dem Auslaufen der Kündigungsfrist des Vertrages einen Reminder in deinem Smartphonekalender einstellen. So wirst du rechtzeitig daran erinnert, an Deine Verträge zu denken.

Noch einfacher geht es mit einer Vertragsverwaltung-App auf deinem Smartphone. Suche dafür einfach im App bzw. Play Store nach „Vertragsverwaltung“ und suche Dir eine passende App aus. Dort kannst Du alle Deine Verträge einstellen und ebenfalls Erinnerungen einstellen. Zusätzlich kannst Du für die meisten Verträge ebenfalls direkt aus der App eine Kündigung an den entsprechenden Anbieter raussenden. Das erspart Dir die Zeit, um die Kontakt-E-Mailadresse rauszusuchen und einen Kündigungstext zu formulieren.

Konsum

Nachhaltig bei Lebensmitteln und Essen sparen

Nachhaltigkeit Nr. 1

Mit dem Trend der Nachhaltigkeit achteten immer mehr Menschen auf die Verschwendung von Lebensmitteln. Als Ergebnis gibt es immer mehr Initiativen und Gruppen, die beinahe abgelaufene Produkte und Lebensmittel verschenkten. Der Vorteil ist, dass Du nichts dafür bezahlen musst. Der Nachteil, beziehungsweise das Risiko besteht darin, dass die Verschenkenden keine Haftung übernehmen und Du auf Dich allein gestellt bist, ob Du die Lebensmittel verträgst.

Nachhaltigkeit Nr. 2

Wer dem verschenkten Essen nicht traut, kann es ebenfalls bei renommierten Restaurants oder Imbissketten zu einem Bruchteil des Preises kaufen. Wie das geht? Mit Hilfe der App von too Good to Go (Englisch für „zu gut um zu gehen“, beziehungsweise in diesem Kontext „zu gut, um es weg zu schmeißen“).

Hier erfährst Du von umliegenden Restaurants die Zeitpunkte, an denen übrig gebliebenes Essen zu einem viel günstigeren Preis als sonst verkauft wird. Die Restaurants haben etwas davon, weil die übrig gebliebene Ware verkauft wird. Du hast etwas davon, weil es das Essen extrem günstig im Vergleich zum Normalpreis gibt. Die Umwelt hat etwas davon, weil keine Nahrungsmittel verschwendet werden!

Discounter: Qualität trotz niedrigem Preis

Namenhafte Discounter wie Lidl, Aldi und Co. haben innerhalb der letzten Jahre extrem an Qualität gewonnen und etliche Eigenmarken etabliert. Des Weiteren ist es kein Geheimnis, dass zahlreiche Produkte von derselben Firma geliefert und abgefüllt werden, jedoch unterschiedliche Verpackungen erhalten. Diese unterschiedlichen Verpackungen kommen mit unterschiedlichen Anbietern und somit auch unterschiedlichen Preisen daher. Am Ende des Tages zahlt man also teilweise für ein und dasselbe

Produkt zwei verschiedene Preise – mit Preisabweichungen von bis zu 20%!

Daher bin ich ein Fan der Discounter mit Qualität und spare pro Einkauf zwischen 15% und 25%. Das auf den Monat summiert, ergibt schnell mal eben 50€. Von den jährlich eingesparten 600€ könnte ich schon in den Urlaub reisen.

Wasser, Wasser, Wasser

Wasser ist nicht nur das gesündeste Getränk, sondern im Vergleich zu gewissen Soft- und Energy-Drinks das günstigste. Daher rate ich Dir zu einer gesunden und sparsamen Lebensweise mit dem Verzicht auf Soft-Drinks und Energiebooster, deren Zuckergehalt höher ist als die Höchsttemperaturen im Sommer. Es ist einfach gesagt und simpel – Du musst es nur umsetzen! Glaub mir, mit der Zeit kommt man auf den Geschmack und hat keine Lust mehr, seinen Körper mit der zuckerhaltigen Chemie zu vergiften.

Eine gute Tat

Bei der Blutspende gibt es neben einer guten Tat und einer Aufwandsentschädigung von ungefähr 25€ auch ein gratis Abendessen hinzu. Somit sparst, beziehungsweise erhältst Du während einer Spende ungefähr 35€. Da man alle 2,5 Monate spenden darf, könntest Du hier jährlich auf bis zu 175€ kommen.

In der Regel bieten Krankenhäuser die Blutspende an, recherchiere dazu einfach im Internet nach Blut- oder Plasmaspende.

Nahrungsergänzungsmittel

Damit sind nicht Proteinpulver oder reine Fitnessnahrungsmittel gemeint, sondern ein Pulver, welches Mineralien und Vitamine enthält. Dieses Pulver ersetzt keinesfalls eine ausgewogene Ernährung – das tut keine Pille dieser Welt. Nichtsdestotrotz ist das Pulver ein guter Ersatz für eine langwierige Mahlzeit oder Fastfood. Daneben kostet eine Mahlzeit dieses Pulvers im Durchschnitt 1,45€. Der deutsche Anbieter dieses Pulvers nennt sich YFood und füllt neben Haferflocken weitere wertvolle Mineralien in das Pulver.

Schau einfach einmal vorbei, doch wie gesagt: Eine gesunde und ausgewogene Ernährung kann und wird kein künstliches Fabrikat ersetzen können!

Praxistipp – ein konkretes Gericht

Für die Umsetzung empfehle ich ein einfaches Gericht, welches nicht lediglich gesund, sondern auch echt günstig ist! Das Ergebnis wird eine Bowl. Die Zutaten dazu sind die folgenden:

- Reis
- Gemüse (je nach Wahl: Avocado, Mais, Erbsen, Möhren, Kidneybohnen)
- Thunfisch – optional
- Eine Soße wie zum Beispiel eine Cocktailsoße

Nachdem der Reis aufgekocht wurde, werden die restlichen Zutaten in eine Schale dazu gegeben. Zum Schluss wird alles mit einer Soße gemischt. In Summe kostet dieses Gericht je nach Menge pro

Gericht 3-4€ und schmecken tut es auch. Für eine ähnliche Bowl würdest Du im Restaurant zwischen 15-20€ bezahlen. Dazu kommt natürlich noch ein überteuertes Getränk und Trinkgeld am Ende hinzu!

So sparst Du im Restaurant

Dieser Ratgeber soll auf keinen Fall deine Lebensqualität reduzieren. Wenn du gerne Essen gehst und es dir wichtiger als das Sparen ist, dann solltest du es auf jeden Fall beibehalten. Allerdings kannst du mit diesen Tipps eine Menge Geld sparen:

- Gehe nicht in das beliebteste Restaurant im Stadtzentrum, sondern weiche auf günstigere Alternativen aus. Klar sollte dir dort das Essen schmecken und die Atmosphäre sollte auch passen. Ob du aber 20-30% Aufschlag beim Essen für die zentrale und teure Lage des Restaurants zahlen möchtest, ist deine Wahl.

- Verzichte auf „Spezialitäten des Hauses“ bzw. „Empfehlung des Koches“. Das ist im Endeffekt nichts anderes als ein Marketingwerkzeug, um ein Gericht hervorzuheben und es so teurer verkaufen zu können. Achte beim nächsten Mal darauf!

- Bestelle Wasser (bei mehreren Personen gerne direkt eine ganze Flasche) zum Essen als Softgetränke. Wasser stillt deinen Durst, wobei süße Getränke meistens deinen Durst nur verstärken. So wirst du weniger für Getränke ausgeben müssen.

- Iss gesünder und weniger, so wirst du auf den Kaffee danach verzichten können. Denn wir fühlen uns nach dem Essen nur schlapp und müde, wenn wir zu viel oder ungesunde Dinge (fettig, viele Zusatzstoffe ..) verzehren. So sparst du dir 2-3€ für den Kaffee.

- Verzichte auf zu viele Soßen beim Essen. Soßen und Dressings enthalten nämlich in der Regel viel Salz und viele Zusatzstoffen. Diese erhöhen dein Durstgefühl, sodass du mehr trinken musst. So sparst du dir einige Euros für Getränke!

- Nutze zusammengestellte Gerichte. Das lohnt sich vor allem beim Sushi. Dort kannst Du meistens eine ganze Platte bestellen, die normalerweise viel teurer wäre, wenn Du sie dir einzeln zusammenstellen müsstest.

Weniger naschen, gesünder leben, Geld sparen

Das Prinzip ist leicht: Nasche weniger Süßigkeiten, ernähre Dich somit gesünder und spare somit Geld. Dazu zählen Chips, Schokoriegel und Ähnliches. Pro Chipspackung oder Schokoriegel-Packung sparst Du einen bis drei Euro.

In Summe sind das monatlich – natürlich abhängig von dem Maß Deines Verlangens nach Zucker und Fett – im Durchschnitt ungefähr 50€.

Diese ganzen Dinge kaufen wir auch meistens nur, wenn wir hungrig einkaufen gehen. Deshalb vermeide auf jeden Fall mit einem Hungergefühl einkaufen zu gehen.

Zudem kannst du eine strikte Einkaufsliste führen, sodass du nur die Dinge kaufst, die du dir im Vorfeld aufgeschrieben hast. Das erleichtert dir enorm, deine Selbstdisziplin beim Einkaufen aufrechtzuerhalten.

So sparst Du bei Haushaltswaren

Bei Haushaltswaren kannst du ganz einfach sparen indem du dir Vorteilspackungen kaufst. Wenn es nämlich vorhersehbar ist, dass du über eine längere Zeit regelmäßig etwas nutzt, dann solltest du auf jeden Fall eine große Packung kaufen.

Wenn Haushaltswaren über Amazon bestellst, dann hat Amazon eine hilfreiche Funktion für dich zum Sparen: das Sparabo. Wenn du also weißt, dass du alle 2 Monate eine neue Packung Küchentücher benötigst, dann kannst du das über das Sparabo von Amazon einstellen und so 10-20% pro Einkauf sparen.

Payback beim Einkaufen – der Klassiker

Der Klassiker für Viele sind Payback Aktionen. Es ist zwar eine tolle Gelegenheit zu sparen, dennoch kein Garant. Daneben stört es mich etwas, dass man sich langfristig binden muss, um in den Genuss einer gewissen Punktzahl und eines bestimmten Auszahlungsbetrages zu kommen.

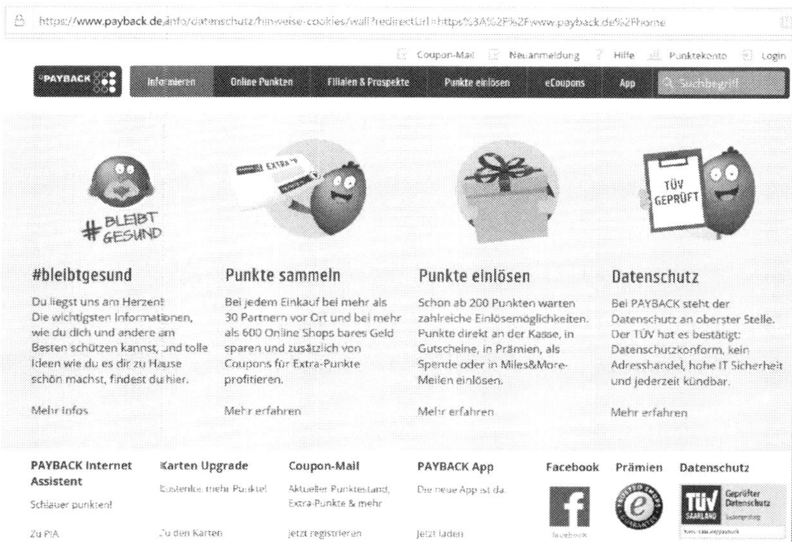

Vor allem im stationären Handel lohnt sich der Griff zu einer Paybackkarte. Vor dem Einkauf kannst Du ebenfalls zusätzliche Coupons aktivieren, um noch mehr Punkte zu sammeln.

In der Regel kriegst Du 1 Punkt (=1 Cent) pro 2€ Einkauf. Mit einem aktivierten Coupon kannst du die Punkteanzahl aber bis zu 20-mal erhöhen. Somit kannst Du bis zu 10% pro Einkauf sparen.

Die Punkte kannst du nach einem Zeitraum sehr einfach beim nächsten Mal zum Bezahlen an der Kasse verwenden. Oder du nutzt die Punkte, um Prämienartikel günstiger zu erwerben, wobei die erste Variante die bessere Alternative darstellt.

Payback kannst du vor allem bei den folgenden Läden nutzen:

- dm
- Rewe
- Alnatura
- Real
- Aral
- Wmf
- Und vielen weiteren Läden

Die gleiche Funktionsweise bietet Dir die Deutschlandcard.

Diese kannst du in den folgenden Märkten nutzen

- Edeka/Marktkauf
- Netto
- Esso

Viele haben bei der Nutzung von Paybackkarten die Befürchtung, dass die Daten missbraucht werden. Aus meiner persönlichen Erfahrung kann ich diese Befürchtung nicht bestätigen. Ich nutze Payback und Deutschlandcard schon seit sehr vielen Jahren und kann nur Positives berichten: nämlich, dass ich jede Menge Geld damit gespart habe.

Diesen Trick solltest du beim Onlineshoppen kennen

Der einfachste Trick, um beim nächsten Onlineeinkauf zu sparen, ist es auf der Website des Onlineshops nach unten zu scrollen und sich für den Newsletter einzutragen. Nahezu alle Anbieter bieten einen Newsletterrabatt für den Einkauf an. Ja, Du musst Deine E-Mail eintragen und wirst regelmäßig E-Mails von dem Shop erhalten. Wenn Du regelmäßig bei dem Onlineshop einkaufst, dann ist es für Dich allerdings eine tolle Möglichkeit von Sales-Aktionen des Shops als Erster zu erfahren.

Wenn Dich der Newsletter nervt, dann kannst Du ganz einfach in jeder Newsletter-E-Mail nach unten scrollen und mit 2 Klicks den Newsletter deabonnieren.

Vergleichsportale nutzen

Wenn Du online shoppen solltest, dann empfehle ich Dir stets bevor Du etwas über einen Onlineshop erwirbst, einen Vergleich über ein Portal zu machen. Die zwei wichtigsten sind Idealo und Check24.

Idealo kannst Du für alle möglichen physischen Produkte nutzen: Elektrogeräte, Klamotten, Haushalts- und Gartenwaren, Sportausrüstung, Gaming, Zubehör für das Auto und Motorrad, Flüge und und und ...

Check24 nutze Ich für Verträge jeglicher Art: Versicherungen, Strom, Internet und Festnetzanschluss, Mietwagen und und und ...

Für beide Plattformen kann ich Dir zudem zusätzlich eine Ersparnis in Form eines **Cashbacks** anbieten, wenn Du über einen der folgenden **Links/QR-Codes** einkaufst:

Bei **Idealo** kannst Du **zusätzlich 0,9%** pro Einkauf **sparen**:

http://bit.ly/3o6L2rW

Bei **Check24** kannst Du **zusätzlich bis zu 22,5€** pro Abschluss **sparen**:

http://bit.ly/2JzTUHq

Social Media nutzen

Instagram ist eine der am meisten verbreiteten und genutzten Apps weltweit. Neben den privaten Interessen kannst Du die App auch dazu nutzen, Einsparungen beim Essen gehen einzufahren. Die Plattform dazu nennt sich Freachly.

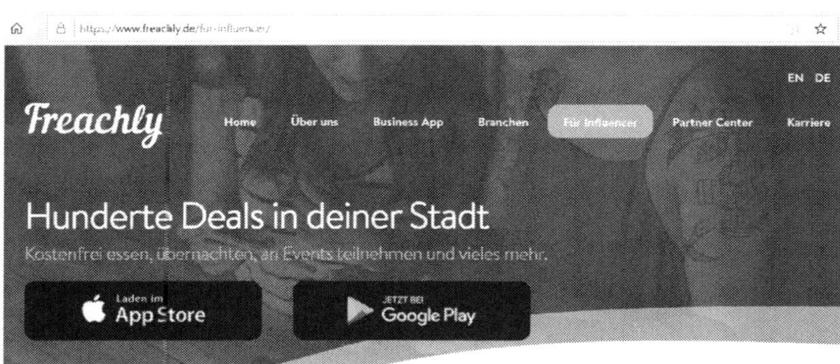

Dazu musst Du keinesfalls ein Blogger oder Influencer mit hunderttausenden Followern sein! Eine Bekannte von mir hat beispielsweise 300 Follower und konnte sich dennoch erfolgreich bei dieser Plattform mit ihrem Instagram-Profil registrieren.

Mit der Hilfe dieser Plattform kannst Du bis zu 30% auf eine Bestellung eines der angebotenen Unternehmen erhalten. Im Gegenzug müsstest Du dazu eine Instagram-Story hochladen. Somit verdienst Du leichtes Geld mit Social Media!

Klamotten – so findest Du wahre Schnäppchen

Im digitalen Zeitalter und in Zeiten von online Shopping gibt es unzählige Websites, Apps und Co, um Klamotten übers Internet zu erwerben. Um dabei den Überblick nach Angeboten und Preisnachlässen zu gewinnen und beizubehalten, habe ich folgenden Tipp für Dich. Es gibt eine eigene Website mit separatem Facebook Profil, die in Echtzeit Angebote filtert und updated – und das kostenfrei!

Der Name? Prinz sportlich.

Im Folgenden wird das Facebook Profil gezeigt, welches man als Nutzer einfach abonnieren kann:

Des Weiteren solltest Du Dich fragen, ob die teuren Designermarken Dir automatisch Style und Stil verschaffen. Dem ist nämlich nicht so. Es zählt nicht, was genau Du kaufst. Es zählt, wie Du es kombinieren kannst. Ein Gucci T-Shirt (selbst, wenn es original ist) hebt sich nicht unbedingt hervor, wenn Du kaputte Schuhe und eine schmutzige Jogginghose trägst. Das Gesamtbild zählt!

Somit sollten die Bestandteile Deines Outfits aufeinander abgestimmt sein – und das bezieht sich nicht nur auf die Farbe, sondern auch auf die Marke. Neben stylischen Artikeln von teureren Marken – wenn Du Dich nach diesen sehnst – habe ich einen wundervollen Tipp für Dich!

Die Basics kannst Du kostengünstig bei zahlreichen Marken einkaufen, ohne dafür Kosten seitens Style-Einbußen hinnehmen zu müssen. Meine Lieblingsadressen dazu sind unter anderem:

- Pull&Bear
- Zara
- Bershka
- ASOS
- Shein

Antizyklisch shoppen und 50-60% sparen

Wann kaufst Du Dir eine neue Winterjacke: Im Herbst oder im Frühling?

Wenn Du sie dir im Herbst kaufst, dann solltest du in Zukunft auf den Frühling umsteigen. Es liegt auf der Hand: die Nachfrage nach Winterjacken ist im Frühling um ein Vielfaches geringer, da der Winter schon vorbei ist. Damit Händler aber nicht auf den Lagerkosten und auf der Kollektion der letzten Saison sitzen bleiben, ist es nicht unüblich, dass sie auf diese Ware 50-60% Rabatt geben.

Das gilt nicht nur für Winterjacken, sondern für alle Klamotten. Kaufe deshalb Deine Badehosen/Bikins im Herbst, Deine Skiausrüstung im Sommer, Deine Polo-Shirts im Herbst, Dein Sommerkleid im Herbst.

Verschiebe deine Einkäufe auf diese Zeitpunkte

Wenn Du immer die angesagten Sneaker oder die beliebtesten Leggins tragen möchtest, dann ist dieser Tipp unter Umständen nichts für Dich. Denn bei beliebten Marken bzw. Klamotten ist die Wahrscheinlichkeit sehr hoch, dass sie innerhalb kurzer Zeit ausverkauft sind. Wenn Du aber nicht darauf angewiesen bist, dann empfehle ich Dir auf die Salestage zu warten. Der meistbekannte Sales-Zeitraum ist zwischen dem Black Friday und dem Cyber Monday im Herbst. Wenn Du online einkaufst, dann merke Dir bereits 1-2 Wochen vor dem Sale die Sachen vor. Sobald der Sale beginnt, kannst Du direkt die Sachen in Deiner Größe bestellen.

Allerdings solltest Du unbedingt darauf achten, nicht wahllos Dinge zu bestellen, nur weil sie reduziert sind. Auch wenn eine Sache um 50% reduziert ist, Du sie aber eigentlich nicht benötigst, dann hast Du nicht 50% gespart, sondern 50% verschwendet.

Deshalb mache Dir vor einem Sale-Einkauf eine Liste, was Du wirklich an Sachen benötigst und halte Dich daran.

Second-Hand: besser als gedacht!

Viele Leute haben negative Vorurteile gegenüber gebrauchten Klamotten. Teilweise sind diese auch berechtigt, doch es gibt zahlreiche Ausnahmen! Diese Ausnahmen lassen sich auf verschiedenen Plattformen finden, welche ein gewisses Qualitätsmanagement voraussetzen. Des Weiteren prüfen diese Plattformen mit Kriterien die Qualität der Artikel sowie die Authentizität der Käufer und Verkäufer. Somit wird auch die Sicherheit der Transaktion, also der Bezahlung, gewährleistet.

Ein bekanntes Beispiel ist die Plattform Kleiderkreisel, welche sich vor kurzem in Vinted umbenannt hat:

Daneben gibt es natürlich zahlreiche Alternativen. Dazu empfehle ich Dir, einfach auf im Internet oder auf Plattformen wie Ebay Kleinanzeigen oder Facebook Marketplace zu suchen! Der Markt ist extrem schnelllebig und bringt ständig Neuheiten heraus.

Outlets finden und zuschlagen

Markenklamotten im Angebot? Das gibt es in physischer Form vor allem in Outlets. Der Nachteil? Nicht jeder hat ein Outlet direkt um die Ecke. Eines der bekanntesten Outlets in Deutschland ist das Outlet Metzingen mit zahlreichen renommierten Marken und Rabatten von bis zu 70%!

Falls Du Dir unsicher bist, ob es in Deiner Umgebung ein derartiges Outlet gibt, empfehle ich Dir Folgendes: Recherchiere im Internet auf zum Beispiel Google und frage im Bekanntenkreis!

Alternativ gibt Dir die Website www.outlet-in.de Auskunft darüber:

Gebrauchte Klamotten spenden und Gutscheine kassieren

Du hast richtig gehört! Zahlreiche Modemarken bieten Dir im Tausch gegen Deine gebrauchten Artikel einen Gutschein für neue Produkte an. Du solltest hier beachten, dass die Gutscheine teilweise gering ausfallen aber dennoch 15-20% auf den nächsten Einkauf betragen können. Daher mein Tipp: zuschlagen und den – vielleicht überfüllten – Kleiderschrank ausmisten!

Ein Beispiel für diese Aktion ist das schwedische Modeunternehmen H&M, welche saisonal diese Aktion anbietet.

Jede Menge bei Schreibwaren sparen

Wenn ich an Schreibwaren denke, kommt bei mir sofort die Kette „Müller“ oder die Schreibwarenabteilungen in den Lebensmittelläden als erste Anlaufstellen in den Sinn. Doch sind die Sachen hier auch günstig? Und hier kann ich Dir sagen: Nein!

Wenn du bei Schreibwaren jeglicher Art jede Menge sparen möchtest, dann empfehle ich Die die Sachen bei **Büroshop24** zu bestellen. Der Shop sollte zu Deiner ersten Anlaufstelle werden, wenn Du Dir neue Schreibwaren zulegen möchtest. Die Preise dort sind im Vergleich zum stationären Handel bis zu 50% günstiger.

Über den folgenden **Link/QR-Code** kannst Du sogar zusätzlich **2,5%** als Cashback bei Deinem nächsten Einkauf **bei Büroshop24 sparen**.

http://bit.ly/2KQhYX6

Tattoos

Wie bereits gesagt: Jedem das Seine! Doch die Mehrheit der (auch tätowierten) Zuschauer von Tattoos hat mir eines vermittelt: weniger ist mehr. Damit ist neben der Anzahl an Körperbemalungen auch die Größe der einzelnen Kunstwerke gemeint.

Je weniger und je kleiner die Tattoos sind, desto mehr kommen sie zur Geltung! Damit sparst Du nicht nur freie schöne Haut, sondern auch Gebühren bei dem Tätowierer. Kleine Tattoos gibt es schon ab 15€ und sprengen nicht Deinen Geldbeutel mit Preisen in Höhe von mehrerer Hundert Euros!

Meine persönliche Wahrnehmung der jüngsten Vergangenheit: Mittlerweile fällt man als nichttätowierter Mensch viel eher auf als jemand mit Tattoos.

Sport - Fitness

Fitness ist das offiziell häufigste Hobby der Deutschen – jedoch auch jenes Hobby, mit den meisten Zahlungen ohne Inanspruchnahme der angebotenen Leistung! Daher rate ich in dem Kapitel zu Abonnements, Dir Kalendereinträge zu setzen und diszipliniert durchzugreifen.

Bei der Wahl des Fitnessstudios solltest Du vor allem die Preise im Auge behalten. Kurse, Sauna, Freigetränke und Co klingen zwar verlockend, doch frage Dich jedes Mal: Nutzt Du das wirklich?

Solltest Du Dich eher selten im Fitnessstudio verlieren, empfehle ich Dir ein günstiges Abonnement bei einer Kette wie McFit, Fitnessland und ähnliche Betreiber. Hier gibt es monatliche Beiträge ab zum Beispiel 19€.

Achtung Kostenfalle: Neben dem monatlichen Beitrag zählt die Laufzeit Deines Vertrages sowie die entsprechenden Kündigungsbedingungen. Beide Aspekte solltest Du im Vorhinein sorgfältig besprechen, um langfristig unnötige Kosten zu vermeiden.

Friseur – so sparst du als Mann

An die Männer: Für Standardfrisuren – und das trifft auf 90% der Männer zu – genügt ein Barbier vollkommen. Ich halte es bei diesen 90% nicht für notwendig, zu einem Star-Friseur mit zwei

Waschvorgängen, einer Kopfmassage und sonstigen „Vorteilen" zu gehen. Bei genannten Friseuren hat ein Bekannter pro Schnitt 40€ gezahlt – und das für keine Übergänge, keine Farben, keine Strähnchen, Locken oder Sonstiges. 40€ für das simple kürzen der Kopfhaare, der Bart war nicht inkludiert. Da würde ich mich an den (frisch gestutzten) Kopf fassen!

Es gibt genügend Möglichkeiten in jeder Stadt und auf dem Land, in denen ein Herrenfriseur oder auch Barbier genannt 15€ pro Haarschnitt anbietet. Die Qualität ist aus Sicht meines Bekannten völlig zufriedenstellend (da auch nicht viel falsch zu machen wäre – kleiner Spaß am Rande!).

Mit diesem Tipp spart er fortan monatlich 25€ (40-15=25) und jährlich 300€! Umgerechnet wären das bis zu zehn Flugtickets bei Ryanair.

Beim nächsten Smartphone-Kauf sparen

Das Smartphone ist in dem heutigen Zeitalter für die meisten Menschen der unentbehrlichste Gegenstand. Man muss gleichzeitig zugeben, dass ein Handy Funktionen von über 50 Gegenständen vereint – von dem Wecker über Notizblock bis hin zu Kamera oder klassischem Telefon. Daher ist ein verhältnismäßig hoher Preis durchaus gerechtfertigt. Doch Sparpotenzial liegt immer und überall!

Bei dem Kauf eines Smartphones kannst Du zum Beispiel auf gebrauchte Artikel zurückgreifen. Damit sind keinesfalls beschädigte Geräte oder dubiose Angebote gemeint. Es gibt nämlich Handys, die generalüberholt wurden und nun zu einem günstigeren Preis angeboten werden. Bei meinem iPhone 6 konnte ich somit 250€ einsparen. Mit der folgenden Website für genannte Artikel konnte ich bisher ausschließlich positive Erfahrungen machen: **As good as new**

Über diesen **Link/QR-Code** kannst Du zusätzlich bis zu **3,5€ pro Einkauf sparen**:

http://bit.ly/2JBkLD7

Netflix, Amazon Prime und Spotify

Die neuesten Serien schauen oder das neue Album des Lieblingsinterpreten hören. Ein Leben ohne Netflix, Amazon Prime und Spotify können sich die wenigsten Mitmenschen heutzutage vorstellen. Damit gehen jedoch monatliche Kosten einher. Zählt man alle drei Abonnements zusammen, landet man je nach Tarif bei Rund 40€ im Monat. Die Leistung ist völlig gerechtfertigt, doch wir schaffen das auch günstiger!

	Basis	Standard	Premium
Monatlicher Preis	7,99 €	11,99 €	15,99 €
Videoqualität	Gut	Besser	Top
Auflösung	480p	1080p	4K+HDR
Anzahl der Geräte, auf denen Sie gleichzeitig schauen können	1	2	4

Am Beispiel von Netflix wird klar, dass ein Abonnement für vier Personen (rechts) pro Person nur 4€ kostet, anstatt alleine 8€ zu zahlen (links) Das bedeutet: Teilen macht Spaß und ist günstiger!

Spotify und Amazon Prime haben ähnliche Gruppenangebote – besonders für Familien. Hier ist jedoch zu beachten, ob es gewisse Anforderungen und Bedingungen wie zum Beispiel einen gemeinsamen Wohnsitz gibt.

Fernsehen

Mit Fernsehen meine ich keinesfalls das Gerät, sondern das offline, klassische Fernsehen. Neben der GEZ-Gebühr in Höhe von 17,50€ kommen noch Fernsehanschluss Gebühren in Höhe von rund 25€ monatlich (je nach Anbieter). Den Nutzen dieser Kosten halte ich persönlich dafür sehr in Grenzen. Dazu gehören:

- Alle 25 Minuten für 10 Minuten Werbung mit Artikeln und Dienstleistungen, die ich in den nächsten sieben Leben nicht gebrauchen könnte

- Teilweise absolut niveaufreie und unterhaltungsfreie Inhalte. An dieser Stelle denke ich, wir wissen alle, an welche/n Sender wir nun denken.

- Ich kann mir nicht die Uhrzeit meiner Lieblingssendung oder meines Wunschfilms aussuchen, sondern muss mich nach anderen richten

- Das Angebot ist auf eine Anzahl an Sender beschränkt, währenddessen die online Streamingdienste tausende an Serien und Filme knopfbereit zur Verfügung stellen

- Benötigst Du wirklich weitere Argumente?

Für diejenigen Personen, welche sich überhaupt nicht von dem Fernsehen trennen können, habe ich den Tipp der Mediathek. Hier werden sämtliche Serien und Filme aufgezeichnet und teilweise kostenlos zur Verfügung gestellt.

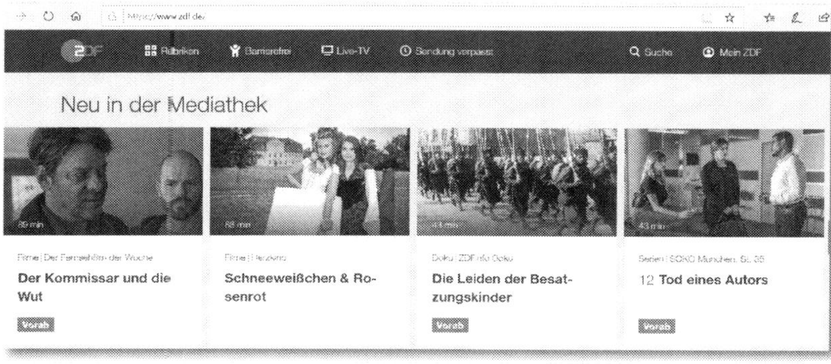

Beispiel: ZDF-Mediathek

Atemmasken: Sparen trotz Qualität

Einer der am meisten nachgefragtesten Güter des Jahres 2020: Atemmasken – in verschiedensten Variationen, Qualitätsstandards und vor allem mit extrem unterschiedlichen Preisen. Eines ist sicher, die Masken sollen von gewisser Qualität sein! Das bedeutet jedoch noch lange nicht, dass Du Masken bei der Tankstelle für 2€ das Stück kaufen solltest.

Stattdessen kannst Du Dich bei Deinem Arbeitgeber erkundigen, ob dieser Masken kostenlos zur Verfügung stellt. Manche Industriebetriebe oder Unternehmen im Gesundheitssektor sind gesetzlich sogar dazu angehalten, den Arbeitnehmern Masken zur Verfügung zu stellen.

Am falschen Ende spart man zum Beispiel dann, wenn man versucht, Masken über Ebay Kleinanzeigen zu erwerben. Die angebotenen Masken von privaten Verkäufern entsprechen oft nicht dem notwendigen Qualitätsstandard. Somit hättest Du Geld für Masken ausgegeben, ohne überhaupt geschützt zu sein. Daher Augen auf bei der Maskenwahl!

Don‘t smoke and take no drugs!

Dieses Buch wird keine Suchtberatung, keine Sorge. An dieser Stelle sei aber gesagt, dass Drogen – und damit meine ich sämtliche Drogen inklusive Alkohol aber auch Zigaretten – extrem ungesund und schädlich für Deinen Geldbeutel sind. Das kann uns ein einfaches Rechenbeispiel veranschaulichen:

Preis einer Zigarettenschachtel = 7€

Dauer für das Verbrauchen einer Schachtel (je nach Abhängigkeit) zwischen 2 und 4 Tagen. Wir nehmen durchschnittlich 3 Tage an. Der Monat hat 30 Tage, sodass 10 Schachteln gekauft werden.

7€ x 10 = 70€ → monatliche Kosten

70€ x 12 = 840€ → jährliche Kosten

Von beinahe 1.000€ jährlich kannst Du in den Urlaub verreisen, Deine Altersvorsorge aufstocken oder hunderte Döner essen – was in dieser Menge auch nicht das Gesündeste ist…

Hinzukommen Kosten, die Du auf den ersten Blick nicht siehst oder direkt spürst. Dazu gehören neben langfristigen medizinischen Behandlungen und Medikamenten auch erhöhte Versicherungsbeiträge (bei zum Beispiel einer Kranken- und Berufsunfähigkeitsversicherung). Die Summe der genannten langfristigen Kosten ist schwer zu bestimmen, doch bewegt sich nahezu immer in einem vierstelligen Bereich.

Ähnliches gilt für Alkohol: Alkoholgetränke in Restaurants oder Clubs verlangen für alkoholische Cocktails und Getränke oft einen Aufpreis. Daher tust Du nicht nur Deiner Gesundheit etwas Gutes, sondern sparst Dir pro Drink zwischen zwei und fünf Euro. An vier Wochenenden pro Monat summiert sich diese Einsparung auf schnell 20€ bis 40€.

Praxistipp für die Wochenendalkoholgenießer: Einfach privat vortrinken!

So vermeidest Du zu teure Dates

Es muss nicht immer der schicke Italiener oder das teure Sushi-Restaurant sein. Besonders dann nicht, wenn Du Deinem Gesprächspartner näherkommen möchtest. Da wäre ein vollbesuchtes Lokal für die erste Begegnung eher nicht förderlich.

Stattdessen empfehle ich Dates und Verabredungen in der Natur, in einer historischen Innenstadt oder an gratis Aussichtspunkten.

Damit hebst Du Dich von Konkurrenten ab und schaffst eine individuelle Atmosphäre – im Vergleich zu einem Standardabendessen im Stammlokal. Sofern Du etwas mit Deinem oder Deiner Angebeteten unternimmst und Bewegung in das Rendezvous bringst, lockert dies die Stimmung auf. Pro Date sparst Du damit je nach Restaurantpreisen zwischen 20€ und 80€.

Hinweis für Männer – Online Dating Tipps kann Dir ein Bekannter von mir geben, welcher nun sein neuestes Datingbuch herausgebracht hat:

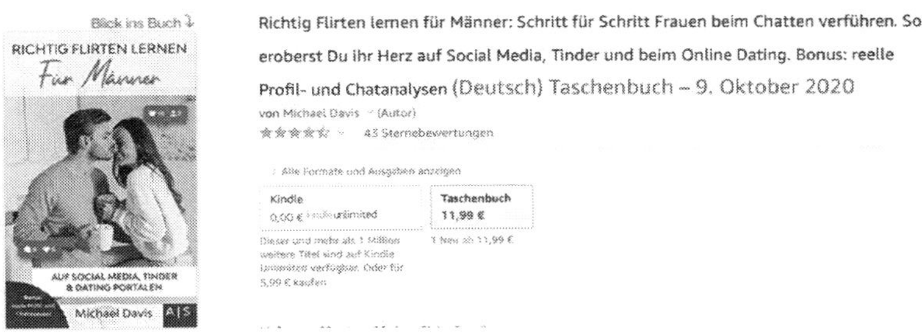

http://amzn.to/3hB4ryL

Hilfsbereitschaft zahlt sich aus

Wer kennt es nicht? Du hilfst Deinem Kumpel bei seinem Umzug und als Dankeschön lädt er Dich zu einem Essen ein. Dabei bin ich der Letzte, der dazu aufruft, Freundschaften zu kommerzialisieren! Hier rechnen wir nicht genau nach, wie viel ich geleistet und wie viel ich im Gegenzug erhalte. Das empfehle ich auch niemandem!

Was ich damit ausdrücken möchte, ist ein einfaches Prinzip: Hilf Leuten ihre Ziele zu erreichen und im Gegenzug helfen sie Dir Deine Ziele zu erreichen. Dazu gehören Dienstleistungen in aller Art und hängt stark von den Stärken, Interessen und Kompetenzen Deines Gegenübers. Sei daher kreativ und versuche Dich in Dein Netzwerk effektiv und effizient einzubringen und Dein Netzwerk entsprechend einzubinden.

Zum Beispiel ist ein Bekannter ein hervorragender Steuerberater – ist immer erreichbar und erklärt mir jeden Zusammenhang völlig logisch und nachvollziehbar. Seine handwerklichen Kompetenzen laschen daher zu wünschen übrig. Daher bitte ich ihn nicht bei der nächsten Renovierung um Hilfe, sondern behalte ihn für die Themen Steuern, Buchhaltung, Finanzen und Co im Hinterkopf!

Die genaue Einsparung hängt von jeder Dienstleistung selbst ab. Festzuhalten ist jedoch, dass eine Einsparung garantiert ist. Es handelt sich somit um eine Erweiterung des Do-it-yourself-Prinzips!

Premium Abo/s notwendig?

Zahlreiche Apps auf Deinem Smartphone werden zu Beginn kostenlos angeboten. Nachdem Du Dich an die App gewöhnt hast und quasi nicht mehr so leicht, Dich von der App und deren Nutzung trennen kannst, kommt das Angebot eines Premium-Abonnements. Diese Abo ist natürlich mit monatlichen Kosten verbunden. „Diese Kosten sind ja nicht hoch“, höre ich dann oft als Antwort. Auf den ersten Blick nicht, das stimmt. Rechnet man diesen Betrag jedoch auf das Jahr hoch und zählt sämtliche Abonnements zusammen, ergibt das am Ende einen drei bis vier stelligen Betrag – und alle sind verwundert!

Im Folgenden gehe ich auf drei Kategorien mit Beispielen ein, welche sich in lohnenswertes Premium-Abonnement, je nach Interesse und nicht lohnenswertes Abo unterteilen.

Lohnenswertes Premium-Abonnement: Ich persönlich zähle zum Beispiel Spotify dazu. Einerseits lassen sich die monatlichen Kosten mit Familie und Freunden teilen. Andererseits ist es viel erträglicher Musik zu hören, ohne andauernd Werbung zu hören. Je nach Stimmung, Tageszeit, Stresslevel und so weiter kann ich mich für meinen individuellen Lieblingssong entscheiden (dies ist keine Werbung, sondern meine persönliche Meinung!).

Je nach Interesse: Hierzu fällt mir eine Vielzahl an Apps ein, jedoch spiegelt diese Anzahl meine subjektive Einstellung und Wahrnehmung wider. Um Dir hier nichts vorzuschreiben, schlage ich Dir eine Frage für die eigene individuelle Entscheidung vor: Ist der Nutzen aus dem Premium-Abonnement für mich größer als die damit einhergehenden Kosten? Falls Du die Bedeutung dieser Kosten nicht ganz greifen kannst, erweitere den Selbsttest um eine zweite Frage: Was würde ich stattdessen mit dem eingesparten Geld tun und ist der daraus entstehende Nutzen für mich größer als der Nutzen des Premium-Abos?

Nicht lohnenswertes Premium-Abonnement: Auch hier spielen subjektive Faktoren eine Rolle, da ich andere Bedürfnisse habe und Schwerpunkte setze. An dieser Stelle möchte ich jedoch dafür sensibilisieren, diese Abonnements ganz kritisch zu hinterfragen. Das Hauptbeispiel ist die Premium-Mitgliedschaft bei Tinder. Vielleicht gewinnst Du dadurch etwas mehr Transparenz, doch es ist keinesfalls ein Garant dafür, dass Dein/e Angebetete/r das Gleiche für Dich empfindet.

Einfach bei Geschenken sparen

Hiermit rate ich Dir von Gutscheinen ab, auf denen der konkrete Geldwert steht. Dadurch kann der Empfänger nämlich direkt ganz genau sehen, wie viel Dir sein Geschenk wert war. Stattdessen empfehle ich ein Geschenk zu kaufen oder am besten, eins selber zu erstellen!

Günstige Geschenkideen

Damit meine ich nicht gleich, etwas zu basteln. Sondern viel eher zum Beispiel die Zusammenstellung eines Geschenkkorbes. Wenn Du bei dem Einkauf auf günstige Artikel achtest, kommst Du schnell auf ein großes Volumen und verschonst dabei eine Menge Geld!

Du wärst wirklich überrascht, wie viele Geschenkkörbe ich schon mit Artikeln von zum Beispiel dem Drogeriemarkt dm gezaubert habe. Die beschenkte Person war jedes Mal begeistert, mein Geschenk konnte sich von sämtlichen Standardgeschenken abheben und der Einkaufspreis lag unter 10€.

Blumen verschenken – beste Qualität zum niedrigsten Preis

Egal ob Du deiner Freundin, Frau, Mutter, Großmutter, Schwiegermutter oder einer anderen Frau eine Freude machen möchtest, dann machst Du mit Blumen nichts falsch. Allerdings ist es im stationären Handel sehr schwer preisgünstige, super aussehende und zeitgleich frische Blumen zu erwerben. So zumindest meiner Erfahrung nach. Deshalb bin ich seit einigen Jahren auf **Blume2000** umgestiegen. Dieser Onlineshop vereint die drei Punkte zusammen und hat immer wieder unschlagbar günstige Angebote. Die Blumen kamen bei mir bzw. bei den Beschenkten immer bisher pünktlich und in sehr guter Qualität an und die Frische der Blumen hat mich jedes Mal überzeugt!

Wenn Du über den folgenden **Link/QR-Code** einkaufst, dann **sparst Du zusätzlich 5%** bei Deiner nächsten Bestellung.

http://bit.ly/3hzM2SL

Urlaub

Flüge

Bei Flügen denken viele direkt an enorm hohe Preise, doch dem ist ganz und gar nicht so. Innerhalb der letzten Jahre hat sich die Anbietergesellschaft von Fluggesellschaften extrem verändert. Neben den hochpreisigen, luxuriösen Fluggesellschaften, welche vierstellige Beträge für einen Einweg Flug verlangen, haben sich vor allem Niedrigpreisanbieter hervorgetan. Der ein oder andere wirft nun in den Raum „mit den Maschinen stürze ich ab, die Flugunsicherheit geht mit den sinkenden Preisen einher!“

An dieser Stelle mache ich keine Werbung für Ryanair, EasyJet und Co. Ich möchte Dir lediglich die Gründe und das Geschäftsmodell erläutern und die eben genannte These mit Argumenten und Fakten widerlegen. Dafür ziehen wir beispielsweise einen Vergleich zwischen Lufthansa (hochpreisige Fluggesellschaft) und Ryainair („Billigflieger“).

Kriterium	Lufthansa	Ryanair
Service	Enorm hoch	Extrem niedrig, wenn dann gegen Aufpreis
Werbung	Keine	Auf jedem Flug sowie in der App
Personal	Vielzählige Crew	Geringzählige Crew
Fliegerflotte	Verschiedene Flugzeugarten in verschiedenen Größen	Eine Flugzeugart: dadurch werden nicht nur Wartungskosten eingespart, sondern auch Mengenrabatte bei den Flugzeugherstellern erzielt
Flugstrecken	Langstrecken mit Zwischenstopps	Kurzstrecken
Flughafen an/abdocken	In der Regel über eine Terminalfinger	Per Bus und teilweise zu Fuß
Check-In	Am Flughafen möglich	In der App und am Flughafen möglich, Letzteres jedoch gegen enormen Aufpreis
Gepäck-überschreitung	Wird bei wenigen Gramm in Kauf genommen	Enorme Aufpreise selbst bei minimaler Überschreitung
Destinationen	Hauptstädte (generell teureren Flughäfen)	Regionale Provinzflughäfen

An Hand dieser zahlreichen Kriterien wird also ersichtlich, dass die Preisabweichung der Flugtickets nichts mit der Flugsicherheit korreliert. Meine Bekannten mussten es leider am eigenen Leib erfahren: Da sie zu spät eingecheckt haben, wurde am Flughafen eine extra Gebühr berechnet, welche sofort bezahlt werden musste. Andernfalls durften sie nicht fliegen und das unabhängig von jeglicher Begründung. Ryanair griff knallhart durch, sodass sich der Ticketpreis von ursprünglich 50€ pro Person (Hin- und Rückflug) auf insgesamt 105€ pro Person mehr als verdoppelte.

Wer die günstigen Flugpreise ergattern möchte, hat also nach den Regeln der Fluggesellschaft zu spielen – und das kompromisslos. Andererseits gibt es genug positive Beispiele für Ryanair-Kunden aus meinem Bekanntenkreis. So kam es, dass bei einer Weihnachtsaktion 2018 ein Bekannter insgesamt zehn Flüge für insgesamt 150€ gebucht hat. Die Reisen wurde allesamt wie geplant ausgeführt. Die Flüge von Berlin und Stuttgart gingen nach Lettland, Estland, Polen, Großbritannien und Irland. Er verbrauchte dafür auch nicht übermäßig viel Urlaub, sondern führte die Reisen als Wochenendtrips durch.

Anmerkung: Für denselben Preis hat man Glück, mit der Lufthansa von Frankfurt nach Madrid zu kommen. Solltest Du mir nicht glauben, dann kannst Du gerne selber nachforschen aber wenn, dann über die richtigen Vergleichsportale!

Damit wären wir bei der Suche passender Flüge – völlig unabhängig von jeder Fluggesellschaft. Meine persönlichen Favoriten sind dabei einmal Skyscanner und einmal Idealo Flug.

Über Skyscanner buche ich in der Regel hauptsächlich Flüge. Die Website bietet neben der Möglichkeit, ein ganzes Land anzusteuern, auch die Möglichkeit der nahegelegenen Flughäfen. Auf diese Weise gehst Du auf Nummer sicher bei der Suche nach dem günstigsten Flug.

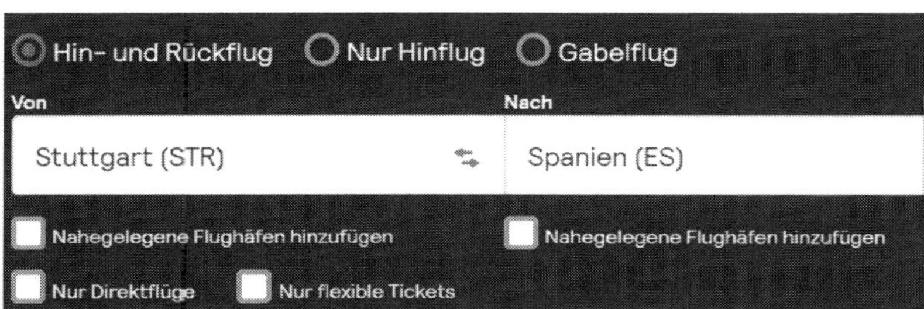

Daneben zeigt die Website Auswertungen über das Flugaufkommen auf. Die Intensität der Nachfrage ist in Ampelfarben markiert, sodass ein grüner Punkt auf ein günstiges Preisniveau und eine niedrige Nachfrage hindeutet. Dank diesen Merkmalen gelang es mir, einen Hin- und Rückflug von Zürich, Schweiz bis nach Bangkok, Thailand für insgesamt 435€ zu ergattern!

Ein Pendant dazu ist idealo Flug mit – mehr oder weniger – denselben Funktionen:

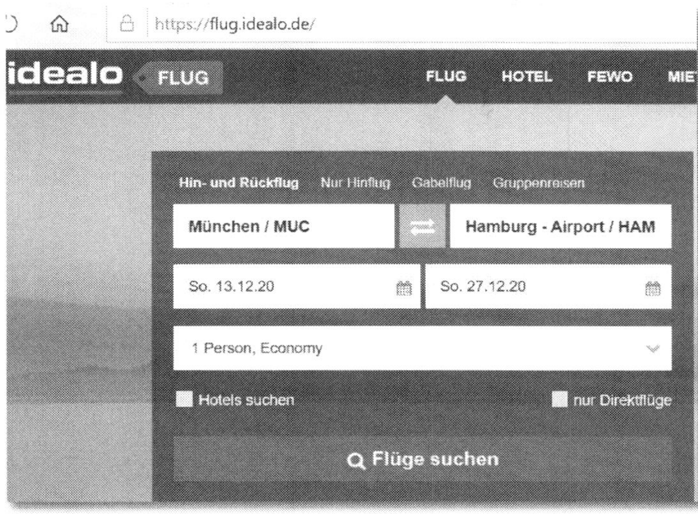

Sitzplatzreservierung wirklich notwendig?

Ein weiterer Tipp bezieht sich auf die Frage nach dem Komfort während des Fluges. Natürlich ist es schöner, neben seinen Reisebegleitern zu sitzen. Bei einem ein bis zwei Stunden Flug, bei dem man ohnehin die Plätze tauschen kann, halte ich eine kostenpflichtige Reservierung des Sitzplatzes für keinesfalls notwendig!

Somit können zum Beispiel bei Ryanair bis zu 10€ pro Flug gespart werden. In Umrechnung von Ryanair-Flügen wäre das schon ein weiterer Flug! Und nicht vergessen: Die Flugzeugcrew kannst Du jedes Mal freundlich fragen, ob Du Dich zu Deiner Reisebegleitung setzen darfst. Ich habe in 14 von 15 Fällen die gleiche Antwort erhalten: „Nach dem Start, sehr gerne!“ Somit habe ich die Reservierungsgebühr gespart und sitze trotzdem neben meiner Reisebegleitung. Und die wenigen Minuten während des Startvorgangs halte ich gerade so noch alleine aus...

Handgepäck (sofern möglich)!

Du wärst wirklich erstaunt, was alles in zwei Handgepäckstücke passt. Eine sorgfältige Planung beim Packen erspart Dir neben dem Tragen großer Gepäckstücke vor allem die zusätzlichen Gebühren von Handgepäck! Umgerechnet pro Flug sind das zwischen 20€ und 40€. Bei Hin- und Rückflug würdest Du Dir insgesamt durchschnittlich 60€ sparen.

Das klingt zu schön, um wahr zu sein? Ich habe das Gegenteil bewiesen. Für einen zweiwöchigen Aufenthalt in Thailand und Malaysia sowie einem 16-tägigen Aufenthalt in Panama und Costa Rica benötigte ich lediglich eine Sporttasche mit den entsprechenden Handgepäcksmaßen. Man muss dazu sagen, dass es sich um Sommerurlaube handelt und Badehosen, kurze Hosen und T-Shirts wenig Volumen einnehmen. In jedem Fall packen durchschnittlich Touristen 15% bis 20% mehr Gepäck ein, als sie tatsächlich benötigen. Daher: Spare an der Menge und somit an den Kosten für den Flug!

Unterkunft

Neben den Flugkosten sind die Aufwendungen für die Unterkunft die größten Kostentreiber eines jeden Urlaubes. Unabhängig davon über welches Vergleichsportal jemand einen Urlaub bucht, lässt sich der Komfort in Relation zu den Kosten setzen. Die Beziehung dieser beiden Aspekte ist in den Köpfen vieler Leute wie folgt dargestellt:

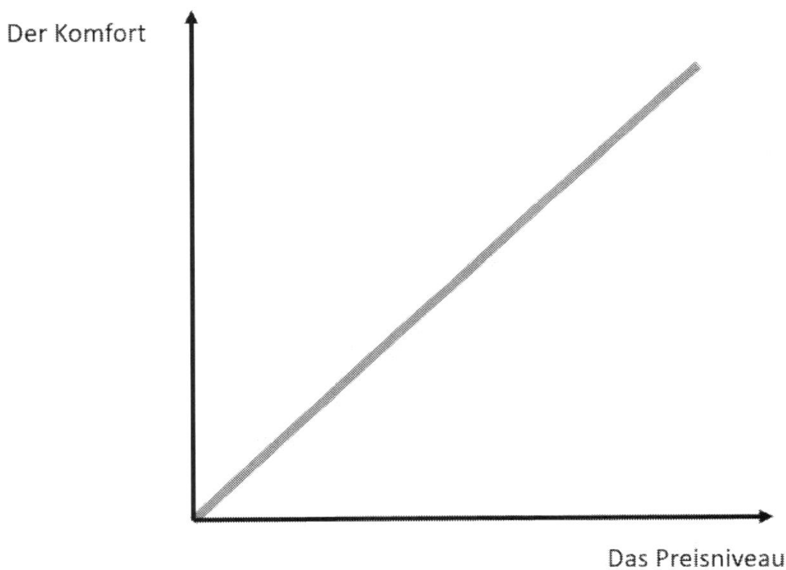

In Wirklichkeit verhält sich die Preisentwicklung jedoch anders. Zunächst ist festzustellen, welche verschiedenen Stufen bei der Beziehung zwischen Komfort und Preis vorliegen. Wir einigen uns hier auf die folgenden drei Stufen, welche am häufigsten verbreitet sind:

- Selbstverpflegung
- Hotel
- All Inclusive

An Hand dieser drei Schritte verdeutlicht die folgende Grafik die unterschiedliche Beziehung zwischen Preis und Komfort. In dem ersten Schritt, der Selbstverpflegung, ist das Preisniveau nicht hoch, obwohl ein gewisser Standard erfüllt wird. Dies ist besonders bei schönen Ferienwohnungen der Fall. Der Komfort kommt vor allem dadurch zu Stande, dass keine Nachbarn die eigene Ruhe stören.

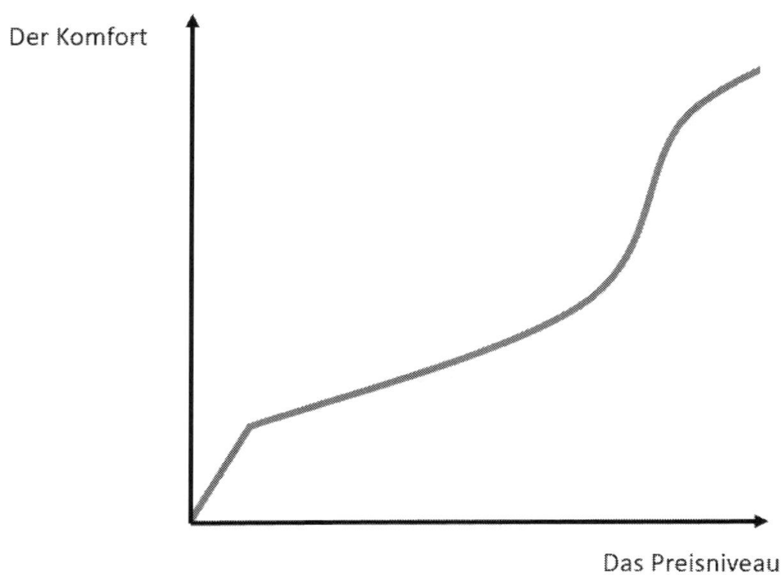

Das gleiche Extrem – jedoch für uns als Nachfrager unvorteilhaft – erfahren wir in der Option All-inclusive. Hier wird ein pauschaler Satz draufgeschlagen, der Dich einiges mehr kostet, als Du teilweise zu Dir nehmen kannst (je nachdem wie viel Du essen, bzw. trinken kannst).

Daher solltest Du gründlich abwägen, ob ein All Inclusive Urlaub genau das Richtige für Dich ist oder ob Du stattdessen mehrere Trips auf vorziehst. Für Ferienwohnungen nutze ich in der Regel Airbnb. Mit einer Gruppe an Reisegefährten konnten wir somit Villen in Thailand und Costa Rica für einen super günstigen Preis pro Person ergattern. Pro Person zahlten wir somit pro Nacht 19€ für eine Villa mit folgendem Ausblick:

Diese Hotelplattform kann ich Dir empfehlen

Es gibt unzählige Plattformen, um heutzutage eine Hotel-Unterkunft online zu buchen. Doch die Preise unterscheiden sich von Plattform zu Plattform extrem! Ich habe eine Zeit lang bei jeder Hotelbuchung viele Plattformen (HRS, Expedia, Booking.com, Hotel.de, Agoda) und kann Dir nun aus meiner Auswertung mitteilen, dass

Booking.com jedes Mal den günstigsten Preis in einem Hotel pro Nacht angeboten hat. Deshalb nutze bei der nächsten Buchung auf jeden Fall Booking.com, um am meisten zu sparen.

Zusätzlich kannst Du bei **Booking.com** über diesen **Link/QR-Code** bis zu **2%** bei deiner nächsten Hotelbuchung als Cashback **sparen**. Hierbei ist es allerdings **wichtig**, dass Du deine Buchung **mit der Kreditkarte bezahlst**. Sonst wird Dir der Cashback nicht gewährt.

http://bit.ly/3o7VvmP

Einfache Möglichkeit um Ausgaben aufzuteilen

Damit wären wir auch schon bei dem nächsten Aspekt: Ausgaben der Gruppe teilen und über mehrere Tage hinweg nachzuvollziehen. Man kennt es, im Urlaub zahle mal und mal die Begleitung. Um am Ende reinen Tisch machen zu können, ist eine saubere Auflistung sämtlicher Aufwendungen nützlich. Dazu nutze ich in der Regel die Apps Tricount oder Splitwise.

- Die beiden Apps sind in jedem Appstore oder Playstore erhältlich und obendrein kostenfrei!

Gemeinsam geht mehr

Das Teilen der Kosten auf eine Mehrzahl an Reisenden spart nicht nur Kosten bei der Übernachtung. Damit sind vor allem Einsparungen bei Ausflügen, Attraktionen oder Ähnlichem möglich. Die Beispiele reichen dabei von dem klassischen Mietwagen bis zu der Miete eines Bootes! Auf diese Art und Weise habe ich mit Freunden am Bodensee ein Motorboot für 2 Stunden für 20€ pro Person erhalten. Alleine hätte ich mir wohl kaum für 100€ ein Boot gemietet. Daher schätze das soziale Miteinander und spare damit richtig Geld!

Taxi-Alternativen

Neben der Langstreckenfortbewegung muss man auch im Urlaub kurzfristig von A nach B kommen. Um den Komfort nicht zu verlieren, eilen viele Touristen direkt zum Taxi. Dafür habe ich jedoch eine bessere Alternative! In den letzten Jahren kamen immer mehr Start-Ups auf, die Dich mit privaten Fahrern von A nach B kutschieren und dabei um ein Vielfaches günstiger sind als Taxis. Pro Taxifahrt haben wir mit diesen Anbietern bis zu 50% gespart! Um nur eine Handvoll aufzuzählen:

- Uber (bislang der weltweite Marktführer)
- Lyft

- Didi (Marktführer in China)
- Grab (in Süd- und Ostasien: Malaysia, Thailand ..)

Essen gehen

Wer kennt es nicht? Ein schönes Abendessen mit Deiner Begleitung in einer bezaubernden Kulisse Deines Ferienortes. Hierbei ist es enorm wichtig zu beachten, dass ein hoher Preis nicht direkt eine hohe Qualität des Essens impliziert. Des Öfteren zahlst Du nämlich für die Aussicht oder die zentrale Lage. Ich spreche von Touristenplätzen, an denen völlig überteuertes Standardessen vertrieben wird. Davon hat weder Dein Geldbeutel noch Dein feiner Gaumen etwas!

Daher macht es aus meiner Sicht Sinn, Einheimische nach authentischem Essen zu fragen oder auf TripAdvisor Bewertungen herauszusuchen. Ein weiteres Merkmal für die Qualität des Essens ist die Tatsache, dass Einheimische dort speisen. Doch gehen wir das Ganze an Hand eines Beispiels durch:

Zu sehen ist die Innenstadt Madrids. Die Hauptattraktionen der spanischen Metropole sind der Plaza del Sol (der graue Halbkreis auf der rechten Seite des Bildes), der Platz an der Haltestation Opera (Mittellinks), der Plaza Mayor (mittig unten) sowie der Palacio Real de Madrid (links). Auf dem zweiten Bild lege ich nun die Orte auf, an denen – laut einem Einheimischen Freund – das Essen besonders teuer aber die Qualität bestenfalls durchschnittlich ist.

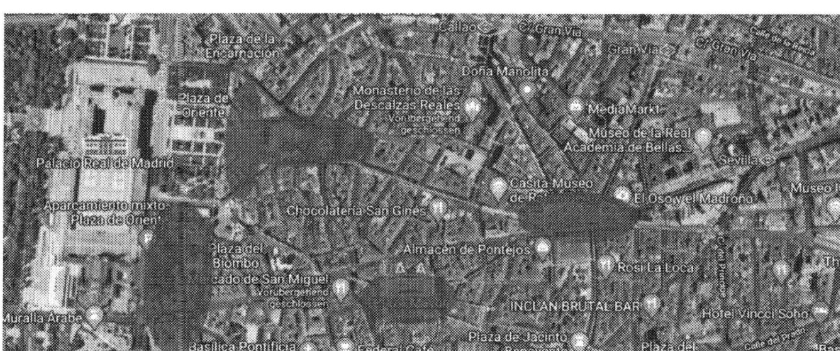

Es ist keinesfalls ein Wunder, dass sich die teuren Lokale mit einem normalen Standard der Gerichte genau an den bekanntesten Orten

Madrids befinden. Diese Logik lässt sich ohne Ausnahme auf sämtliche Städte und Länder der Welt übertragen.

Die Lösung dagegen? Einheimische fragen und einen Blick über den Tellerrand wagen. Selbst die Beine in die Hand nehmen und in den Nebengassen suchen, fragen und selbst probieren!

Wasser (gratis)

Wasser ist nicht nur das gesündeste Getränk, sondern oft auch noch gratis. In zahlreichen Hotellobbies und Restaurants wird besonders in den Sommermonaten gratis Wasser zur Verfügung gestellt. Hier gilt es, zuzuschlagen! Damit tust Du nicht nur Deiner Gesundheit etwas Gutes, sondern auch Deinem Geldbeutel. Für jedes Glas Wasser ersparst Du Dir ein 1-2€ Softgetränk. Über einen zweiwöchigen Urlaub sind das mal eben 20 bis 30€.

Gratis Aussichtspunkte und Attraktionen

Attraktionen und tolle Orte müssen doch immer etwas kosten – falsch gedacht! Besonders wenn man mit den Einheimischen kommuniziert, stößt man schnell auf abgelegene Orte. Jene Orte sind nicht nur kostenlos, bzw. um ein Vielfaches günstiger, sondern auch noch frei von den Scharen an Touristen! Daneben finde ich es persönlich interessanter, von Orten zu berichten, an denen noch nicht der gesamte Bekanntenkreis war. Das zeigt nämlich, dass Du jenen Ort tatsächlich – von einer authentischen Perspektive – kennengelernt hast! Auf diese Weise sparst Du je nach Eintrittspreisen zwischen 20€ und 50€ je nach Attraktion. Bei zwei- oder dreimaliger Anwendung innerhalb eines Urlaubes erreichst Du schnell eine Einsparung von rund 100€.

Handeln, handeln, handeln

Ich persönlich bin zwar nicht der größte Fan davon, doch es hilft tatsächlich. Besonders in Ländern im nahen oder fernen Osten kommt man förmlich nicht an die Ware, ohne auch nur den Preis hinterfragt zu haben. Das solltest Du Dir zu Nutze machen. Da ich jedoch kein Verhandlungsexperte bin, kann ich hier keine tiefergehenden Einblicke geben. Eines weiß ich jedoch ganz genau:

Zeige Deinem Verhandlungspartner nie zu viel Interesse an der angebotenen Ware. Damit würde man sich nur sein eigenes – finanzielles – Grab schaufeln. Der Verkäufer wittert dadurch Deine Begierde und würde versuchen, dieses Interesse schamlos auszunutzen. Daher mein Motto nach außen: Ich brauche es gar nicht und will es auch nicht – dabei denke ich an jene Sachen, die ich mir stattdessen von dem Artikel kaufen könnte und schon bin ich unabhängig von dem zuvor beäugten Gegenstand. Probiere es am besten einfach einmal aus!

Bezahlen und Geldabheben im Ausland als unnötiger Geldfresser!

Die DKB ist die einzige Bank in Deutschland, die immer noch kostenlose Bezahlungen und kostenloses Geldabheben im Ausland bei einem völlig kostenlosen Girokonto und kostenloser Kreditkarte (also ohne Kontoführungsgebühren) ermöglicht. Bei allen anderen Banken zahlst Du in der Regel mindestens 1% Gebühr von dem Betrag, den Du bezahlst bzw. abhebst. Das summiert sich enorm bei einem Urlaub! Deshalb solltest Du Dir auf jeden Fall vor dem nächsten Urlaub überlegen, ob Du nicht ein Konto bei der DKB eröffnest.

Um alle Vorteile im Ausland zu genießen (siehe Darstellung weiter im Text), solltest Du ein Aktivkunde bei der DKB sein. Das geht aber ganz einfach:

- Das erste Jahr nach Kontoeröffnung bist Du automatisch Aktivkunde bei der DKB

- Damit Du nach dem ersten Jahr die Vorteile beibehältst, sollte auf Dein DKB-Girokonto monatlich ein Geldeingang in Höhe von mindestens 700€ verzeichnet werden. Melde also ganz einfach Deinem Arbeitgeber, dass er Dir Dein Gehalt auf das DKB Konto überweisen soll und schon genießt Du weiterhin alle Vorteile!

Hier hast du alle Vorteile des Aktivkundenstatus auf einen Blick.

DKB-Cash	DKB-Cash für Aktivkunden	DKB-Cash ohne Aktivkundenstatus
kostenlos mit der DKB-VISA-Card bezahlen	**weltweit**	**in Euro weltweit** (andere Währungen 2,20% vom Umsatz)
kostenlos Geld an Automaten abheben ›	**weltweit**	**in Euro weltweit** (andere Währungen 2,20% vom Umsatz)
Zins für Dispo und Überziehung	**6,65% p.a.** variabel	**7,25% p.a.** variabel
Zins für DKB-Privatdarlehen ›	**3,29% p.a.** variabel	**3,49 % p.a.** variabel
Notfallpaket ›	✓	✗ gegen Entgelt

Wenn Du aber nur Urlaub in Ländern mit Euro als Währung absolvierst, dann braucht Dich der Aktivkundenstatus nicht zu interessieren!

Hier gelangst Du direkt auf die Website der DKB und kannst Dir ein kostenloses Konto inkl. Kreditkarte beantragen:

http://bit.ly/2KQh6BO

Abschlusstipp

Mit diesem Tipp rechnen wahrscheinlich die wenigsten Leser eines Sparbuches, dennoch möchte ich ihn an dieser Stelle nicht unerwähnt lassen:

Gönn Dir was!

Ja Du hast richtig gehört, gönn Dir mal etwas und gib Dein Geld aus, ohne allzu lange darüber nachzudenken. Dann wären doch die restlichen Tipps dieses Buches umsonst gewesen oder? Nein, ganz und gar nicht! Denn das Sparen ist kein Sprint, sondern ein langfristiger Marathon. Zu einem Marathon gehören ebenfalls Verschnaufpausen. Daneben verlierst Du nicht die Lust am Sparen, sondern befeuerst sie noch! Hilfreich ist dabei, sich finanzielle Ziele zu setzen. Zum Beispiel habe ich mir zum Ziel gesetzt, dass wenn ich 5.000€ zusätzlich gespart habe (was ich nach einem halben Jahr erreicht habe), dann gönne ich mir meine Lieblingsjacke in Höhe von 450€. Somit wünsche ich Dir viel Erfolg beim Umsetzen dieser Spartipps und vor allem:

Viel Spaß beim Sparen!

Bonuskapitel – das gesparte Geld clever anlegen

Das gesparte Geld solltest Du nun clever anlegen, um es zu vermehren und Dir im Handumdrehen etwas dazu verdienen! Daher schenke ich Dir dieses Bonuskapitel und stelle Dir drei mögliche Geldanlagen vor.

Immobilien

Immobilien werden auch Betongold genannt und das aus gutem Grund. Immobilienwerte und Preise haben sich während Corona nicht negativ verändert, sondern sind indes weiter angestiegen. Grund dafür ist vor allem ein Leitzins nahe 0%.

Mit Hilfe dieses historisch niedrigen Zinses ist es nahezu jedermann möglich, ein Darlehen für eine Immobilie aufzunehmen. Doch so süß die Früchte auf den Anfang scheinen, sollte Vorsicht bezüglich des Nachgeschmacks walten!

Ich möchte keine Anlageklasse besonders gut oder schlecht reden, ich rate jedoch immer dazu, sich auch die Kehrseite der Medaille anzuschauen. In Bezug auf Immobilien wäre diese Kehrseite aktuell „nur" ein Risiko der Zukunft. Dieses Risiko bezieht sich auf ein künftiges Szenario, in dem die Zinsen für Darlehen ansteigen und die Preise von Immobilien sinken. Besonders für Anleger, die sich zu sehr verschuldet haben (mehrere Hunderttausend) und nicht genügend Nettoeinkommen haben, wird es hier eng.

Daher rate ich trotz verlockend niedriger Zinsen mindestens die Kaufnebenkosten zu decken. Diese Nebenkosten betragen in der Regel zwischen 6% und 11% des Kaufpreises (dazu zählen neben dem optionalen Makler, obligatorisch der Notar, die Grunderwerbsteuer und Co). Darüber hinaus solltest Du für einen Mietausfall oder steigende Zinsen eigene Rücklagen bilden - also eine Art zusätzliches finanzielles Polster aufbauen. Ich empfehle hier in der Regel ungefähr 3 Mieten.

Wenn Du dir eine professionelle Beratung zu Immobilieninvestments benötigst, dann kannst Du mich gerne

as-verlag@web.de

kontaktieren und ich werde Dir einige Experten empfehlen.

Aktien

Besonders für beginnende Kleinanleger lohnen sich Aktien allemal. Damit meine ich nicht, dass jeder nun hochspekulativ an der Börse handeln sollte. Viel eher möchte ich dazu aufmerksam machen, dass Du bereits mit zum Beispiel 100€ monatlich eine zusätzliche Altersvorsorge aufbauen kannst. In dieser Anlageklasse kommen besonders die Zinseszinsen zum Tragen. Damit is Folgendes - in einem

Beispiel dargestellt - gemeint:

Tina investiert monatlich 100€, jährlich ergibt das einen Betrag von 1200€. Die jährliche Rendite liegt bei 10% (120€ von 1200€). Im folgenden Jahr investiert Tina weiter, den Gewinn aus dem ersten Jahr lässt sie sich nicht auszahlen. Im zweiten Jahr erwirtschaften ihre Zinsen aus dem ersten Jahr (120€) weitere Zinsen in Höhe von 12€ (10% von 120€). Im darauffolgenden Jahr erwirtschaftet der bisherige Gewinn in Höhe von 132€ erneut 10% in Höhe von 13,2€. Dieser Effekt setzt sich jedes Jahr fort und nimmt über die Zeit rasant an Fahrt auf! Es handelt sich hierbei um ein exponentielles Wachstum, das bedeutet: Die Steigung zu Beginn ist gering, doch über die Zeit wird der (Zinseszins-)Effekt immer und immer stärker. Daher rate ich besonders jungen Anlegern zu einem Sparplan!

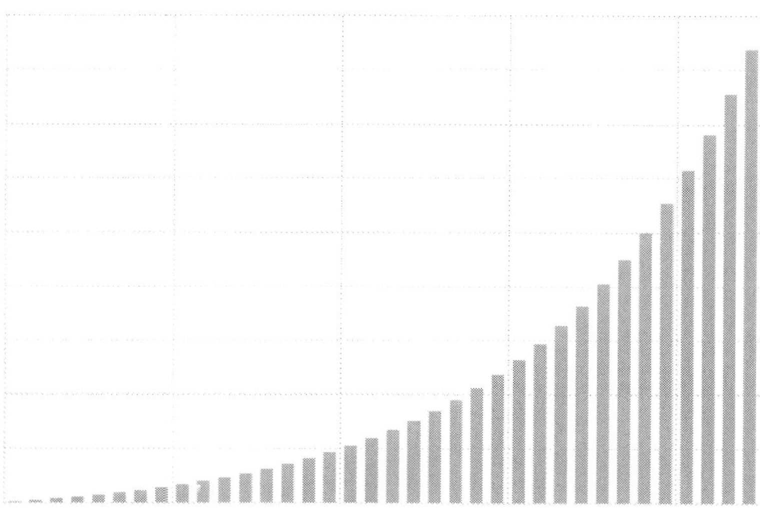

Exponentielles Wachstum veranschaulicht

Dazu musst Du kein Experte sein, ein weit gestreuter Fonds oder ETF ist dafür völlig ausreichend. Über 1.000 kostenfreie Sparpläne und 0€ Depot-Führungskosten findest Du unter anderem auf Trade Republic. Hier kostet jede Transaktion (außer das einzahlen in einen Sparplan) einen Euro. Es spielt keine Rolle, ob Du Aktien oder Fonds für 10€ oder 10.000€ erwirbst. Die Gebühr pro Transaktion beträgt 1€!

Schau einfach mal unter dem **Link/QR-Code** vorbei und **sichere Dir eine 15€-Prämie**. Diese erhältst Du **nachdem** Du deinen **ersten Trade** absolviert hast.

http://bit.ly/3bgaGGS

People-2-People Kredite (P2P)

Eine weitere, oft noch unbekannte Anlageform, sind People2people Kredite. In dieser Anlageklasse vergibst Du Kredite an Verbraucher und Konsumenten. Du fungierst also wie eine Bank. Oft handelt es sich um kleinere Investitionen wie eine Waschmaschine, ein Smartphone oder eine medizinische Behandlung, die vorgestreckt werden muss. Für derartige Fälle würde eine Bank keinen Kredit vergeben, da die Summen (zwischen wenigen Hundert Euro bis hin zu wenigen Tausend Euro) zu gering für Banken in den entsprechenden Ländern sind.

Das Ganze wird professionell über eine Plattform abgewickelt, über die Du Deine Kredite auswählen, vergeben und verwalten kannst. Ich wähle hier immer die Option der Buy-Back-Guarantee (Englisch = Rückkaufgarantie). Das bedeutet, sollte irgendetwas mit der Rückzahlung des Kredites schiefgehen, erhältst Du Deinen eingezahlten Betrag unverzinst von der Plattform zurück. Damit gehst Du praktisch kein Risiko ein. Innerhalb der letzten drei Jahre ist bei mir kein Kredit ausgefallen und ich bin vollkommen zufrieden.

Darüber hinaus berechnet der Betreiber seinen Anteil erst, wenn Du Renditen und Gewinne einfährst. Somit besteht hier grundsätzlich aus meiner persönlichen Sicht keine Gefahr. Dennoch solltest Du, wenn du in einzelne Kredite investierst, deine Investitionssummer lieber über viele Kredite aufteilen.

Die zwei bekanntesten und ältesten Plattformen sind Mintos und Bondora. Beide Plattformen bieten die gleiche Grundfunktion: Du kannst in P2P-Kredite aus verschiedenen Ländern und verschiedenen Risikostufen investieren. Mintos bietet dir mehr Länder und die beschriebene Buy-Back-Guarantee an. Auf Mintos kann man jährliche Renditen zwischen **5-14% p. a.** erzielen. Es hängt natürlich auch stark mit deiner Risikobereitschaft zusammen! Je riskanter ein Kredit ist, desto höhere Zinsen erhältst Du dafür.

Bondora ist die älteste (seit 2009) Plattform und bietet neben der Investition in einzelne Kredite eine zusätzliche tolle

Investitionsmöglichkeit: „Bondora Go&Grow“. Bondora Go&Grow kannst Du dir wie eine Art Tagesgeldkonto mit einer täglichen Verzinsung von **6,75% p. a.** vorstellen. Du kannst einfach Dein Geld auf das Konto einzahlen und Bondora investiert das Geld automatisch in Kredite, die aus Ihrer Sicht die beste Rendite liefern. Natürlich erwirtschaftet Bondora mehr als 6,75% p. a.. Einen Teil des Überschusses behält Bondora als Prämie für sich und der andere Teil dient als Risikopuffer, falls viele Investoren sich zeitgleich das Geld von der Plattform auszahlen lassen möchten. Eine Auszahlung ist nämlich täglich möglich!

Wenn Du also in einzelne Kredite investieren möchtest, dann empfehle ich Dir Mintos zu nutzen. Wenn Du dich mit P2P-Krediten so wenig wie möglich beschäftigen und trotzdem eine hohe Rendite auf dein Kapital erzielen möchtest, dann rate ich Dir zu Bondora Go&Grow.

Über diesen **Link/QR-Code** kannst Du Dir ein kostenloses Konto bei **Mintos** mit einem **Willkommensbonus** eröffnen:

https://bit.ly/3pQ7Lcg

Über diesen **Link/QR-Code** kannst Du Dir ein **kostenloses Bondora Go&Grow Konto** mit einem **Startguthaben von 5€** eröffnen:

http://bit.ly/3pHwWh6

Bei weiteren Fragen und Rückmeldungen zu P2P-Krediten, kannst Du mich gerne jederzeit kontaktieren!

Gegenüberstellung und Fazit

Jede Anlageklasse hat ihre eigenen Vorteile und Risiken. Im Folgenden stellen wir die vorgestellten Anlageklassen gegenüber, sodass Du für Dich selbst entscheiden kannst, welches die richtige für Dich im aktuellen Zeitpunkt ist.

Anlageklasse	Vorteile	Risiken
Immobilien	+Niedrige Zinsen auf Kapital-Darlehen +Inflationssicher +unterliegt keinen kurzfristigen Schwankungen	-Kapitalintensiv (meine Empfehlung: 10% des Kaufpreises als Eigenkapital mitbringen) -Risiko steigender Zinsen in Zukunft
Aktien/Fonds	+mit wenig Eigenkapital/geringer Sparrate möglich +weniger Gebühren im Vergleich zum Immobilienkauf +Zinseszins	-die absolute Rendite ist anfangs gering -Aktienmarkt unterliegt kurzfristigen Schwankungen
P2P-Kredite	+neue Anlageform mit hoher Rendite + mit wenig Eigenkapital/geringer Sparrate möglich +Zinseszins +Absicherung über Plattform	- einzelne Kredite können ausfallen, deshalb sollte eine Diversifikation stattfinden - Plattformrisiko. Deshalb empfehle ich eine etablierte Plattform zu nutzen.

Alle Spar-Links im Überblick

Plattform	Vorteile	Link (+ Bonus über den Link)
DKB (Girokonto & Kreditkarte)	• 0€ Kontoführung • Weltweit kostenlos zahlen und Geld abheben	http://bit.ly/2KQh6BO + **1 Jahr** die Vorteile als **Aktivkunde** genießen
Trade Republic (Depot)	• 0€ Depotgebühren • Kostenlose Sparpläne • 1€ pro Order	http://bit.ly/3bgaGGS + **15€ Prämie** nach dem ersten Trade
Paypal	• Weltweit kostenlos online zahlen mit Käuferschutz-garantie • Online Geld an Freunde und Bekannte in wenigen Sekunden versenden	https://bit.ly/3o7QSsW + **5€ Prämie** (bei einem Onlineeinkauf mit Paypal über 10€ innerhalb der ersten 14 Tage)
Bondora	• Älteste P2P-Plattform • Bondora Go&Grow als renditestarkes und passives "Tagesgeldkonto" mit 6,75% p. a.	http://bit.ly/3pHwWh6 + **5€ Startguthaben**
Mintos	• Vielseitigste P2P-Plattform • Investition in einzelne Kredite bei	https://bit.ly/3pQ7Lcq + **Willkommensbonus**

Plattform	Vorteile	Link (+ Bonus über den Link)
	Renditen zwischen 5-14% p. a.	
Idealo	• Vergleichsportal für alle möglichen physischen Produkte	http://bit.ly/3o6L2rW + **0,9%** pro Einkauf sparen
Check24	• Vergleichsportal für alle möglichen Verträge	http://bit.ly/2JzTUHq + **bis zu 22,5€** pro Abschluss sparen
Büroshop24	• Die günstigsten Preise für Schreibwaren	http://bit.ly/2KQhYX6 + **2,5%** pro Einkauf sparen
Asgoodasnew	• Generalüberholte & gebrauchte elektronische Geräte • Z. B. Smartphones, Laptops…	http://bit.ly/2JBkLD7 + bis zu **3,5€** pro Einkauf sparen
Blume2000	• Schnäppchen-preise für Blumen mit hoher Qualität	http://bit.ly/3hzM2SL + **5%** pro Einkauf sparen
Booking.com	• Weltweit Hotels zum günstigsten Preis buchen	http://bit.ly/3o7VvmP + **2%** pro Buchung sparen (wichtig: Bezahlung sollte mit einer Kreditkarte durchgeführt werden)

Schlusswort

Herzlichen Glückwunsch, Du hast erfolgreich den Spar-Ratgeber durchgearbeitet und konntest hoffentlich viele Informationen daraus entnehmen. Nun solltest du dich zum nächsten Schritt begeben: Das Gelernte in der Praxis umzusetzen!

Zusammenfassend können wir feststellen, dass das Sparen in vielen alltäglichen Bereichen anwendbar ist, sofern dir die Kleinigkeiten bekannt sind. Jetzt sollten dir aber die Möglichkeiten bewusst sein, sodass du bestens gewappnet für die Umsetzung Deiner eigenen finanziellen Ziele bist!

Dabei begleiten wir Dich gerne weiter und unterstützen Dich, wo wir nur können. Solltest Du daher weitere Fragen zu den Spartipps sowie deren Umsetzung haben, kannst Du mich gerne kontaktieren unter:

as-verlag@web.de

Haftungsausschluss

Der Inhalt dieses Buches wurde mit großer Sorgfalt geprüft und erstellt. Für sämtliche Inhalte kann jedoch keine Garantie übernommen werden. Dies gilt weder für die Richtigkeit, Vollständigkeit, noch Aktualität der Inhalte. Alle enthaltenen Informationen basieren lediglich auf der eigenen Meinung und persönlichen Erfahrung des Autors. Außerdem führt das Buch keine Finanz- bzw. Anlageberatung durch sondern spiegelt nur die persönliche Meinung des Autors wider. Für selbstverursachte Schäden und Fehlhandlung des Lesers wird daher keine juristische Haftung seitens des Autors übernommen. Zudem garantiert der Autor keinerlei Erfolge mit den im Buch erwähnten Informationen, da diese wie oben genannt nur auf persönlicher Erfahrung des Autors basieren und lediglich als Einführung in das Thema dienen sollen. Gleichzeitig wird keine Haftung auf den im Buch angegebenen Quellen und externen Webseiten übernommen. Für all diese Inhalte ist einzig und allein der jeweilige Webseitenbetreiber verantwortlich, weshalb der Autor automatisch von einer Haftung ausgeschlossen ist.

Impressum

Kontakt:

A | S Verlag

Anton Scharton

Saint-Claude-Str. 83/1

72108 Rottenburg

Printed in Poland
by Amazon Fulfillment
Poland Sp. z o.o., Wrocław

86810836R10074